LEIER UND SCHWERT

Deutsche Freiheitslieder

Von

Theodor Körner

Theodor Körner

LEIER UND SCHWERT

Deutsche Freiheitslieder

Illustrierte Ausgabe

Von

Theodor Körner

Mit einer Einleitung

Von

Rudolf Gottschall

Impressum:

© 2020 Wendel Mylius (Hrsg. u. Bearb.)

Herstellung und Verlag: BoD – Books on Demand, Norderstedt.

ISBN: 978-3-75198-074-6

THEODOR KÖRNER.

WIE die Helden der großen Volksepopöen, ein Achilleus und Siegfried, ein Karno und Sigawusch, Jünglinge sind, die in der Blüte ihrer Jahre hinweggerafft wurden: so gibt es auch unter den Dichtern Jünglingsgestalten, um welche der Reiz ewiger Jugend schwebt, da ein früher Tod sie uns immer in solcher Verklärung zeigt – reicher Ersatz dafür, daß ihnen männliche Reife und Vertiefung versagt blieb! Denn die ursprüngliche Begeisterung der Jugend wird immer ihren unwiderstehlichen Zauber ausüben, für den selbst nicht die Gediegenheit eines geläuterten Schaffens Entschädigung bietet. Dann aber blieb diesen jung dahinscheidenden Talenten auch jede Enttäuschung erspart, welche ihnen selbst und anderen vielleicht die Abschwächung dichterischer Kraft, die Verirrungen und die Erfolglosigkeit eines späteren Wirkens bereitet hätten.

Von den Dichtern des 19. Jahrhunderts, deren Leben in der Jugend endete, nennen wir: Theodor Körner, den jugendfrischen Sänger von „Leier und Schwert"; Novalis, dessen Stirne ein Kranz von den blauen Blumen der Romantik schmückt; Max Waldau und Moritz Graf Strachwitz, zwei schlesische Poeten, jener ausgezeichnet durch glänzende Vielseitigkeit der Bildung, dieser durch Schwung der Phantasie, beide Meister der dichterischen Form; endlich den größten ungarischen Dichter, Petöfi.
Körner und Petöfi starben auf dem Schlachtfelde, das Schwert in der Hand, Helden und Opfer eines nationalen Befreiungskampfes.

Der volkstümlichste von diesen Dichtern ist Theodor Körner; sein Leben, Dichten und Sterben sind so aus Einem Gusse, daß sich ihm die Sympathien des deutschen Volkes zuwenden mußten. Die vornehme Kritik hat freilich mehrfach diese Begeisterung zurechtzuweisen versucht; sie hat das Talent Körners geringschätzig behandelt, ihn in Lyrik und Drama als einen schwächlichen Nachahmer Schillers charakterisiert, ihm jede Originalität der Begabung abgesprochen und es als ein Glück für ihn erklärt, daß er durch einen frühen Tod seinem poetischen Schaffen entzogen wurde, ehe spätere Leistungen dieses abfällige Urteil in einer dem ganzen Volk einleuchtenden Weise bestätigt hätten. Namentlich waren es die Romantiker und ihr Anhang, denen Körners Popularität ein Dorn im Auge war, weil sie zu der künstlich zurechtgemachten Volkstümlichkeit ihrer Sagen- und Märchenpoesie, ihrer Wunderhörner usw. nicht passen wollte.

Die unbefangene Kritik wird ein anderes Urteil fällen. Theodor Körner war ein entschiedenes dichterisches Talent, dessen Entwicklung sich in aufsteigender Linie bewegte, denn sein letztes Gedicht (das Schwertlied) war auch sein bestes. Er begann nicht, wie die großen Dichtergeister vor ihm, mit genialen Kraftproduktionen, sondern, wenigstens im Drama, mit der Anlehnung an ein großes Muster. Doch fand er schon eine geebnete Bahn. Auch ist der Entwicklungsgang der Talente verschieden. Manche beginnen mit herkulischer Kraft, großartig und gewaltsam, und finden erst später das rechte Maß für ihren genialen Trieb; andere, die von Hause aus unter dem magischen Bann eines großen Gestirns stehen, dichten anfangs unter diesen Einflüssen, den betretenen Gleisen einer bereits geschaffenen Kunstform folgend, und entwickeln sich erst allmählich zu größerer Vertiefung und Selbständigkeit. Auch dem jungen Dramatiker Körner, so sehr seine Diktion „schillern" mochte, ließ sich nur ein günstiges Horoskop stellen; denn ein 20jähriger Dichter, der im Laufe eines einzigen Jahres einer großen Bühne vier wirksame und erfolgreiche Stücke von poetischem Schwung lieferte, bewies eine Produktivität, die vielleicht im Feuer der Jugend allzu ausgiebig und verschwenderisch, jedenfalls aber ohne dramatische Phantasie, ohne Sinn und Schick für die Bühne, ohne den Fluß und Schwung des dichterischen Dialogs unmöglich war. Und was den Lyriker Körner betrifft, so nimmt er unter den patriotischen Sängern der Befreiungskriege den ersten Rang ein: er hat einzelne Lieder von dauerndem Wert geschaffen, was sich weder dem 22jährigen Schiller noch dem 22jährigen Goethe nachrühmen läßt.

Karl Theodor Körner wurde am 23. September 1791 in Dresden geboren. Von Jugend auf umgab ihn eine Häuslichkeit, in welcher nicht nur der feingebildete Sinn für das Schöne, sondern auch die großen Genien unserer Literatur selbst heimisch waren. Sein Vater, Dr. Christian Gottfried Körner, kursächsischer Appellationsrat, war der intimste Freund Schillers, wie der Briefwechsel zwischen ihm und diesem Dichter als dauerndes Denkmal solcher Freundschaft beweist, nächst dem Goethe-Schiller'schen der inhaltvollste Briefwechsel unserer klassischen Epoche. Auch mit Goethe, Wilhelm von Humboldt, Herder und anderen stand Körner in dauernden Beziehungen. Seine Gattin, Anna Maria Jakobine Stock, die Tochter des Kupferstechers Stock in Leipzig, war eine nicht minder feingebildete Frau. Aus diesem Kreise war jene warme Anerkennung des Schiller'schen Genius hervorgegangen, welche als Freundesgruß aus der Ferne den jugendlichen Dichter ermutigte.

Der junge Theodor war anfangs schwächlich; das Bestreben der Eltern richtete sich darauf, seine Gesundheit durch Bewegung in freier Luft, in Gärten und Weinbergen, zu befestigen. Die Besitzung in Loschwitz (in welcher Schiller seinen „Don Carlos" gedichtet) bot dafür willkommene Gelegenheit. In der Tat erstarkte der Knabe bald und konnte sich um so frischer entwickeln, da er mit allzu frühem Einlernen verschont blieb. Als der Privatunterricht begonnen hatte, zeigte er große Neigung für Geschichte, Naturwissenschaft und Mathematik, dagegen eine entschiedene Abneigung gegen das Französische. Daß er früh mit Schillers und Goethes Gedichten vertraut wurde, ist selbstverständlich bei der Begeisterung, die im Vaterhause für diese Dichter und ihre Werke herrschte. Nachdem der Privatunterricht aufgehört hatte, besuchte Theodor die Kreuzschule in Dresden, wo treffliche Lehrer ihn namentlich in Mathematik und Geschichte unterrichteten. Nebenbei pflegte er körperliche Übungen; er war ein tüchtiger Schwimmer und Fechter. Der künstlerische Geist, der am häuslichen Herd in der Körner'schen Familie waltete, erweckte die vielseitigsten Neigungen des heranwachsenden Knaben. Seine Tante, die geistreiche Dorothea, lange Zeit hindurch V. A. Hubers Braut, bis dieser sich von ihr lossagte, war eine gewandte Pastellmalerin, ein Vorbild, welches den Knaben ermutigte, sich auch im Zeichnen zu versuchen, und zwar nicht ohne Erfolg. Auch die Violine fing er an zu spielen, vertauschte sie aber bald mit der Gitarre, mit der er den mit Vorliebe gepflegten Gesang begleiten konnte. Er träumte sich, die Gitarre im Arm, gern in die Zeit der Troubadours zurück. Daß er auch zu komponieren verstand, kam später seiner lyrischen Produktion zustatten; sie erhielt dadurch jenen musikalischen Schmelz und Tonfall, der die Komponisten heraus-forderte und ihr eine volkstümliche Verbreitung sicherte. Auch die ersten Versuche auf dem Gebiete der Dichtkunst fallen in diese frühe Zeit; meistens waren es scherzhafte Gelegenheitsgedichte, in denen sich der junge Poet versuchte.

Als es die schwierige Wahl eines Lebensberufs galt, entschied sich der Vater, gewiß im Einklang mit den Wünschen des Sohnes, für den Bergbau, eine praktische Tätigkeit, die von selbst ein Gegengewicht gegen allzu idealistische Bestrebungen bot. Auch der träumerische Novalis hatte sich bekanntlich dem Bergbau gewidmet und aus dieser Beschäftigung selbst neue Nahrung für seinen sich in die Tiefen des Lebens vergrabenden Mystizismus gezogen. Der jugendliche Körner war von einer derartigen Auffassung weit entfernt; ihn interessierten die praktische Wirksamkeit und die Hilfswissenschaften des Bergbaues, wie Mineralogie und Chemie, welche er mit besonderem Eifer trieb.

Im Sommer 1808 hatte er die Bergakademie in Freiberg bezogen, wo Bergrat Werner, ein Freund seines Vaters, ihm mit großem Wohlwollen entgegenkam. Der Aufenthalt in

Freiberg, obgleich er nur zwei Jahre dauerte, trug viel dazu bei, Geist und Charakter des jungen Körner vorteilhaft zu entwickeln. Er unterzog sich den Anstrengungen seines Berufs mit eifriger Hingabe; er legte außerdem Sammlungen von Fossilien und Mineralien an, die er auf seinen Streifzügen durch die Gebirgsgegenden vervollständigte. Sein leichtes frisches Naturell vertiefte sich nicht nur unter dem Einfluß seiner Studien, sondern auch durch ernste Begebnisse in seinen nächsten Kreisen. Einer seiner Freunde, namens Schneider, an den er sich auf das Innigste angeschlossen hatte, brach beim Schlittschuhlaufen auf der Eisbahn ein und konnte nicht gerettet werden. Es ist bekannt, wie ein ähnliches Ereignis, der Tod eines durch den Blitz getroffenen Freundes, Martin Luther fast in Tiefsinn gestürzt. Wenn Körner durch den schmerzlichen Verlust auch nicht in ähnlicher Weise erschüttert wurde, so trug derselbe doch wesentlich dazu bei, eine ernstere Lebensauffassung in ihm anzuregen. Der Tod eines anderen Freundes, eines talentvollen Künstlers, machte einen nicht minder tiefen Eindruck auf den jungen Dichter.

Angenehme Zerstreuungen dagegen boten ihm die zahlreichen Verbindungen seines Vaters. Oft besuchte er die Herzogin von Kurland, die Schwester der bekannten Schriftstellerin Elise von der Recke, auf ihrem Landsitze Löbichau bei Altenburg. Die Herzogin war eine Pate des jungen Körner und unterstützte ihn durch ansehnliche Geschenke in seinen Studien. Der Verkehr mit den beiden geistreichen Damen und ihren Freunden bot viel Anregendes für ihn. Ein anderes Mal machte er in Leipzig eine fröhliche Hochzeit mit, als sich eine Dresdener Hausgenossin, Fräulein Kunze, deren Erziehung seinem Vater anvertraut worden war, mit einem Herrn von Einsiedel vermählte. Im Sommer 1809 unternahm Körner eine Reise in das Schlesische Gebirge; auch hier waren es Freunde seines Vaters, ein Graf von Geßler und Oberbergrat von Charpentier, die sich seiner auf das Wohlwollendste annahmen. Freundlicher Empfang ward ihm auch zuteil bei dem Grafen von Stolberg in Peterswaldau, in jener lieblichen Gegend am Fuß des Eulengebirges, deren Schönheit Friedrich der Große mit so warmen Worten gepriesen hat, und bei dem Grafen Reden in Buchwald, in dessen vom schönsten Park umgebenen Teichen sich die Kuppen des schlesischen Hochgebirges spiegeln. Die Naturschönheiten dieser Berge mußten die Muse des Dichters begeistern; leider strömte er diese Begeisterung in zum Teil unmöglichen Distichen aus, welche so rhythmisch pfadlos waren, wie manche Passage über den Kamm des Riesengebirges.

Damals trug er sich auch mit literarischen Plänen, welche mit religiöser Neigung und Richtung zusammenhingen. Er schrieb seine „Geistlichen Sonette", indem er der Ansicht war, daß das Sonett sich für diese Gattung besonders eigne und die kunstlosen Erzählungen der Heiligen Schrift durch seine ruhige Haltung am besten wiederzugeben vermöge, obgleich offenbar eine so kunstvolle Form mit dem kunstlosen Inhalt in Widerspruch trat. Auch beabsichtigte er, ein Taschenbuch für Christen herauszugeben, das historische Aufsätze, geistliche Lieder und Sonette, poetische Umschreibungen einzelner Bibelstellen bringen und mit Kupferstichen ausgeschmückt sein sollte. Dieses Unternehmen kam indes nicht zustande, obgleich der Vater Körners sich für dasselbe verwendete und in dem Leipziger Buchhändler Göschen bereits ein Verleger gefunden war.

Im Sommer 1810 endete Körner seine bergmännischen Studien in Freiberg, um zunächst ein halbes Jahr in Leipzig die Universität zu besuchen. Bis zum regelmäßigen Beginn des Wintersemesters verstattete er sich indes Ferien, die er teils in Karlsbad, teils in Löbichau zubrachte. Hier redigierte er im Verein mit einer Dame aus dem Gefolge der Herzogin, mit einem Arzt und einem Künstler eine Art von handschriftlichem Journal: „Teeblätter", zur Bildung des gesellschaftlichen Kreises. Damals waren seine ersten Gedichte: „Knospen", erschienen. Der Vater billigte eine so frühzeitige Veröffentlichung, in der Überzeugung, daß die unparteiische und strenge Kritik der öffentlichen Blätter dazu beitragen werde, das Talent des Sohnes zu läutern, das durch die Lobsprüche der geselligen Kreise verzärtelt und verwöhnt zu werden drohte. Die „Knospen" trugen folgende Widmungsverse:

Knospen nennen wir uns, sind bescheidne, freundliche Blümchen;
Wie uns der Frühling gebar, treten wir kunstlos hervor,
Freilich sind wir noch klein und zart und nur Träume des Lebens,
Doch auch ein Traum ist gut, kommt er aus fröhlicher Brust.
Nimm uns drum, wie wir sind, hat Natur auch leicht uns gestaltet,

Leicht wie die Jugend, entquillt leicht auch die bildende Kraft.

Doch wie die Blüte sich formt – das liegt noch verhüllt in der Zukunft!

Wenn sich der Sommer erhebt, reift auch die Knospe zur Frucht. In der Tat sind diese „Knospen" leicht und unbedeutend, zwar frei von jener Überschwenglichkeit, welche Schillers Jugendgedichte in der „Anthologie" charakterisiert, aber auch ohne den grandiosen Zug dieser letzteren, der, selbst wo er ins Groteske verfiel, doch wenigstens das Streben nach Größe nicht verleugnete. Die „Reisebilder aus Schlesien und der Sächsischen Schweiz" sind in Bezug auf die dichterische Form sehr mangelhaft. Die „Geistlichen Sonette" gemahnen wie Holzschnitte im prunkenden Barockrahmen; Gedichte wie „Brutus' Abschied" sind offenbar Nachdichtungen Schillers, und nur die „Bergmännischen Gedichte" atmen die Frische eigener Anschauung.

In Leipzig führte Theodor ein flottes Studentenleben, obgleich er auch das Studium der Geschichte und Philosophie mit Eifer trieb, einer ästhetischen Gesellschaft, der Makaria, angehörte und einen Dichterclub stiftete. Die Reibungen der einzelnen Verbindungen führten häufig zu Duellen, denen Körner in seinem frischen Jugendmut nie aus dem Wege ging. Ein Duell, in welchem er selbst durch einen Kopfhieb schwer verwundet wurde, war auch die Veranlassung, daß er von der Leipziger Universität relegiert wurde. Er begab sich nach Berlin, ohne Zeugnisse über seinen Universitätsbesuch bekommen zu haben. Hier erhielt er ein Schreiben seines Vaters, das seinem etwas wüsten Leipziger Studentenleben kein günstiges Zeugnis ausstellte. „Du kannst mir nicht schuld geben", sagt er in demselben, „daß ich einen Pedanten oder Philister aus dir machen will, aber von einem Jünglinge von 20 Jahren, dem es nicht an Verstand und Stärke der Seele fehlt, kann man in wichtigen Fällen einige Besonnenheit fordern; man kann nicht erwarten, daß er wie ein Trunkener sich von jeder Leidenschaft fortreißen lasse. Die Ruhe meines Lebens beruht auf dem Glauben an deinen persönlichen Wert und an deine Liebe zu mir. Diesen Glauben habe ich auch jetzt nicht verloren. Ich weiß, daß du unfähig bist, unedel zu handeln, daß es dich schmerzt, mich zu betrüben, und daß es dein eifriger Wunsch ist, mir Freude zu machen. Dies kannst du leicht in der neuen Periode deines Lebens, die du jetzt in Berlin anfängst, und von allem Vergangenen wird alsdann unter uns nie die Rede sein!"

Der neue Anlauf Theodors, seine Studien in Berlin fortzusetzen, wo Hofrat Parthey, Graf Hoffmannsegg und andere Freunde seines Vaters ihm ihre Teilnahme schenkten, scheiterte an seinen nicht ausreichenden Zeugnissen, indem ihm die Aufnahme zur Universität geradezu verweigert wurde. Hierzu kam ein Fieber, das ihn mehrere Wochen lang ans Krankenlager fesselte. Es blieb ihm nichts übrig, als nach seiner Genesung Berlin wieder zu verlassen. Das Projekt, die Studien in Heidelberg fortzusetzen, billigte der Vater nicht, aus Furcht, er möchte dort von neuem in ein wüstes studentisches Leben geraten; er bestimmte Wien als nächsten Aufenthaltsort des Sohnes, in der Hoffnung, das großstädtische Leben der Kaiserstadt werde gegen einen Rückfall in die Verirrungen des akademischen Faustrechts den besten Schutz gewähren.

So siedelte Theodor im August 1811 nach Wien über, um seine Bildung hier zu vervollständigen und sich frei seinen dichterischen Bestrebungen zu widmen. Offenbar bot sein bisheriger Entwicklungsgang etwas Springendes und deutete mehr auf ein Umherkosten in den verschiedenartigsten Wissenschaften, als auf eine systematisch gepflegte Bildung. Mit den naturwissenschaftlichen Studien hatte Körner in Freiberg begonnen, in Leipzig widmete er sich dem Studium der Geschichte, soweit bei seinem wüsten Leipziger Leben überhaupt von Studium die Rede sein konnte. In Wien warf er sich nun ganz der Poesie in die Arme, eine Hingabe, die für das dichterische Talent unerläßlich ist, aber nur dann zu den gewünschten großen Erfolgen führt, wenn sie durch einen reichen geistigen Inhalt getragen wird. Das Wissen Körners war nirgends in die Tiefe gegangen; er wirtschaftete nur aus angeborenen, nicht aus angeeigneten Fonds, seine Leistungen zeigten aber, wie bedeutend die ersteren sein mußten.

Die Empfehlungen seines Vaters führten ihn auch in Wien in anregende und zugleich der höheren Gesellschaft angehörige Kreise: Wilhelm von Humboldt, der als bevollmächtigter Minister und außerordentlicher Gesandter Preußens in Wien lebte, nahm den jungen Körner freundlich auf, ebenso Friedrich von Schlegel, der damals bereits zum Katholizismus und in das Hauptquartier der österreichischen Diplomatie übergegangen war. Außerdem verkehrte der junge Körner bei der Schriftstellerin Karoline

Pichler, bei Frau von Pereira, einer geistreichen Vertreterin der Geldaristokratie, und in Theaterkreisen.

In der Tat wandte sich seine Muse jetzt plötzlich dem Theater zu und verfolgte die neue Bahn mit ebenso viel Ausdauer wie Erfolg. Seine beiden ersten kleinen Stücke: „Die Braut" und „Der grüne Domino", fanden im Januar 1812 am Burgtheater die freundlichste Aufnahme. Diese Lustspiele in Alexandrinern zeigten mindestens, daß Körner keineswegs ein blinder Nachtreter Schillers war, sondern von Hause aus gänzlich verschiedene Klänge anzuschlagen verstand. Goethe schrieb am 23. April 1812 an Körners Vater über diese Stücke, die er auch alsbald in Weimar zur Aufführung brachte: „Die beiden Stücke Ihres lieben Sohnes zeigen von einem entschiedenen Talent, das aus einer glücklichen Jugendfülle mit Leichtigkeit und Freiheit sehr gute und angenehme Sachen hervorbringt... Es freut mich, daß eben jene Heiterkeit der Jugend weder Gift noch Galle in diesen Produktionen aufkommen läßt, sondern die Gegenstände so behandelt, als wenn sie in der moralischen und ästhetischen Welt abgeschlossen wären, ohne mit der politischen in Verbindung zu stehen... Was die Verse betrifft, so haben auch diese eine erwünschte Fazilität und Klarheit, dabei mag der liebe junge Dichter ja festhalten und nicht künsteln. Nirgends ist die Pedanterie und also auch die rhythmische weniger am Platz als auf dem Theater. Da verlangt man unmittelbare Wirkung und also auch die größte Deutlichkeit." In demselben Briefe spricht sich Goethe sehr billigend darüber aus, daß Theodor Körner kleine Stücke mache und Gegenstände wähle, die sich in wenigen Personen aussprechen. „Die

Breite gibt sich ohnehin nach und nach, und man macht nicht so unendliche faux-frais, als wenn man aus der Breite in die Enge gehen will. Was hat sich nicht Schiller für Schaden getan, als er so feste Konzeptionen dramatisch und theatralisch behandeln wollte. Seine meisten Stücke, wie sie zusammengeschnitten werden mußten, sehen jetzt rhapsodisch aus, und die kostbarsten Einzelheiten, die nun schroff nebeneinanderstehen, machen uns zwar immer erstaunen, aber sie verfehlen den reinen ästhetischen Effekt, der nur aus dem Gefühle des Ganzen entspringt." Schließlich erbietet sich Goethe auf das Freundlichste, dem jungen Dichter, wenn er ihm künftig seine Pläne mitteilen wolle, Szene vor Szene, mit Angabe des beabsichtigten Inhalts, seine Gedanken darüber zu sagen; denn „wer vergreift sich nicht einmal an einem Stoff! wer verliebt sich nicht einmal in einen undankbaren Gegenstand! und so haben die schönsten Talente Mühe und Zeit verloren."

Die beiden nächsten Stücke Körners: „Der Nachtwächter", der als Fastnachtsspiel an der Burg zur Aufführung kam, und „Der Vetter aus Bremen", hatten ebenfalls guten Erfolg. Der Dichter war in denselben eine Stufe herabgestiegen, auf das Gebiet des Schwanks; statt der vornehmen Alexandriner wählte er hier freie Reimverse; die durchgängige Munterkeit, der flotte, burschikose Ton dieser Stücke verdeckten indes manche Trivialität des Inhalts.

Trotz dieses Lustspieldebuts auf dem Burgtheater war Körner der Ansicht, daß nicht das Komische, sondern das Tragische die bessere Seite seines Talents sei, obgleich die meisten in Wien für das erstere stimmten. Auch Körners

Vater schien dieser Partei recht zu geben. „Es vereinigt sich vieles bei dir", schrieb er am 27. Februar 1812 an den Sohn, „was dir einen glücklichen Erfolg im Komischen verspricht. Du hast vielseitige Empfänglichkeit, ein leichtes Blut, Witz, Fertigkeit im Versbau, Bekanntschaft mit dem Tone der feineren Welt und eine heitere Phantasie. Schade wär' es, wenn du diese Vorzüge nicht gebrauchtest, um etwas Ausgezeichnetes in einem Fache zu leisten, das in der deutschen Literatur unter die ärmeren gehört." Mit einem großen dramatischen Stoffe trug sich Körner schon zur Zeit, als er seine heiteren Bluetten schuf, der Held dieses in seiner Phantasie lebendigen Stoffes war kein anderer als Konradin von Schwaben, ein Held, dessen Jugend ihm gleichartig und sympathisch war. Das Schicksal, welches die Hohenstaufendramen nicht weniger grausam verfolgte als die Hohenstaufen selbst, flößt uns gerade kein tiefes Bedauern ein, daß Körner diesen Stoff nicht ausgeführt hat.

Während Konradin – ein Stoff, bei welchem der junge Dichter auch Zensurschwierigkeiten voraussah – ihm immer als ein später erreichbares Ziel seines mehr geläuterten Strebens vorschwebte, wurde eine auf der Insel St.-Domingo spielende Erzählung Heinrichs von Kleist„ Die Verlobung", von ihm für eine dramatische Bearbeitung geeignet gefunden und mit kühnem Zugreifen rasch für die Bühne eingerichtet. Eine für den Dramatiker unentbehrliche Eigenschaft, der Sinn für Bühnenwirkung dokumentierte sich in diesem dreiaktigen Drama „Toni" in glänzender Weise. So war auch der Erfolg, nach einer von der Zensur längere Zeit beanstandeten Aufführung, am 17.

April 1812, ein durchgreifender. Am Ende des Stücks wurde sogar wider die damalige Sitte der Dichter selbst herausgerufen. Die begeisternde Muse desselben, die zugleich bei diesem dramatischen Kinde Pate gestanden hatte, war die talentvolle Darstellerin der Titelrolle, Antonie Adamsberger, für welche der junge Dichter eine reinste und warm erwiderte Neigung empfand. Er hatte diese Künstlerin im Januar 1812 bei der Generalprobe zum „Grünen Domino" zuerst gesehen und alsbald darauf nach Hause geschrieben, daß sie bloß den Mund aufzutun brauche, um zu bezaubern. Am 21. Juni macht er zuerst in einem Gratulationsschreiben zum Geburtstag des Vaters denselben zum Vertrauten seiner Neigung. „Wenn ich mich recht erinnere", schreibt er hier, „so hab' ich dir eigentlich noch gar nicht gesagt, wer die Sonne ist, die die Wandelsterne meines Strebens in ein ewiges System gebannt hat. Antonie Adamsberger heißt sie, auch von der Natur mit Schönheit des Körpers, aber unendlich reicher an Herz und Seele begabt. Nein! Du hast den Begriff nicht von diesem heiligenGemüt. Ich sah sie zuerst bei der Generalprobe vom „Domino" und ich fühlte es gleich so klar in mir, hier werfe mein Streben seine Anker, daß ich abends in der Vorstellung, wo eine gewisse Spannung und Furcht sehr natürlich für das erste mal gewesen wäre, von diesen Gefühlen keine Ahnung hatte, nur an sie dachte, nur von dieser Empfindung durchdrungen war. Ich könnte dir ein klares Bild von ihr geben, wenn ich dir nur einen, einen ihrer lieben Briefe schicken wollte; aber ich kann mich nicht von ihnen trennen. – Was hat sie für unendliche Gewalt über mich! Sie hat mich aus all den wilden Gesell-

schaften herausgezogen, hat mich billig gegen die Phi-
lister, natürlich gegen die Welt gemacht, eine keimende
Lust an Trinkgelagen ganz unterdrückt, mich zur Arbeit
angehalten, mich ausgescholten, wenn ich faul war, und
mich geliebt! Gott, das verdiene ich nicht so!" In diesem
Briefe spricht er es aus, daß er seine Toni dem Vater als
Tochter zuführen wolle. Antonie Adamsberger gehörte
nicht zu den Darstellerinnen, welche ihre Erfolge auf der
Bühne zu Abenteuern in der Liebe ausbeuten oder die
Wandelbarkeit, die ihrem Berufe eigentümlich ist, mit in
das Leben hinübernehmen. Auch Karoline Pichler rühmt in
ihren „Denkwürdigkeiten" von ihr, daß sie mit einer schö-
nen Gestalt, einem liebenswürdig heiteren Umgange und
einem großen theatralischen Talent strenge Sittlichkeit
und eine höchst vorsichtige Aufführung verbunden habe
und allgemein ebenso bewundert wie hochgeachtet
worden sei. Dieselbe Schriftstellerin berichtet, daß man
Antonie in den Zeiten des Wiener Kongresses „un dragon
de la vertu" genannt habe. Die Eltern Körners, die im
Sommer 1812 selbst nach Wien kamen, waren mit der Wahl
des Sohnes vollkommen einverstanden. Der Vater erfreute
sich an den Wallungen eines edlen und begeisterten
Gefühls und sah vertrauensvoll einer schönen, glücklichen
Zukunft der Kinder entgegen.

Inzwischen hatte Körner im Laufe des Monats Juni sein
fünfaktiges Trauerspiel „Zriny" gedichtet, das im Theater
an der Wien am 30. Dezember 1812 zur Aufführung kam.
Alle Logen waren auf mehreremal im voraus und zwar an
Ungarn vergeben. Die Aufnahme von seiten des Publikums
war eine enthusiastische; nur der vierte Akt, die heroische

Szene, in welcher Juranitsch seine geliebte Helene er-
sticht, erregte Mißfallen, das sich sogar laut äußerte. Doch
der fünfte Akt mit dem glänzenden theatralischen Schluß-
effekt rettete den gefährdeten Erfolg des Stücks. Schien
doch die Bühne im Spiegelbild den Brand des Kreml zu
wiederholen, der in demselben Jahre so verhängnisvoll
über Europa aufgeflammt war, ein Zeichen des nicht
erloschenen Opfer- und Heldenmutes der Nationen. Un-
begrenzt war der Enthusiasmus der Magyaren, welche den
Dichter stürmisch hervorriefen und nicht eher ruhten, bis
derselbe auf der Bühne erschienen war. Er sprach dabei
nach seiner eigenen Mitteilung die folgenden Worte: „Ich
fühl' es deutlich in mir, daß ich diesen schönen Zuruf
nicht meiner schülerhaften Muse, nein, nur dem schönen
Eifer des edlen Künstlervereins und dem begeisternden
Andenken an die große Tat einer großen Nation zu ver-
danken habe."

Der Erfolg des „Zriny" beschränkte sich nicht bloß auf
die Auszeichnungen, die dem Dichter von seiten des
Publikums zuteil wurden. Erzherzog Karl, welchem Körner
kurz vorher seine Gedichte auf die Schlacht von Aspern
zugeschickt hatte, ließ ihn zu sich rufen und unterhielt
sich über eine halbe Stunde auf das Gütigste und
Herzlichste mit ihm, größtenteils über Literatur, zuletzt
aber über Meinungen und Gesinnungen, wo dem jungen
Dichter, wie er selbst schreibt, das Herz gewaltig aufging
und er frisch von der Seele wegschwatzte. Der Erzherzog
war darüber sehr erfreut und entließ ihn mit den Worten,
es sei ihm lieb, solch wackeren jungen Deutschen kennen-
gelernt zu haben. Fast gleichzeitig wurde Körner zum k. k.

Hoftheaterdichter ernannt. Zuerst bot ihm der Direktor des Theaters an der Wien, Graf Palffy, eine Stellung an, die ökonomisch sogar vorteilhafter gewesen wäre; doch als der Direktor des Burgtheaters, Fürst Lobkowitz, ihm für die Burg das gleiche Anerbieten machte, zog der Dichter das letztere vor, „weil der Gewinn an einem gebildeteren Publikum und einem vollendeteren Künstlerverein am Hoftheater gewiß höher anzuschlagen sei." Draußen durfte er nur Kulissenreißer schreiben; in der Stadt lag das komische und tragische Feld in gleicher Freiheit vor ihm. Er übernahm die Verpflichtung, jährlich zwei große Stücke zu schreiben, von denen jedes einen Theaterabend füllte, außerdem zwei kleine Nachspiele, und die sogenannten Bearbeitungen zu übernehmen. Dafür erhielt er einen Jahrgehalt von 1500 Gulden; jede seiner Arbeiten über das Verdungene hinaus wurde ihm noch besonders und sehr gut bezahlt; er hatte Freiheit zu diesen, wenn er wollte, sobald er nur seine Stücke geliefert hatte. Der Kontrakt war am 1. Januar 1813 auf drei Jahre abgeschlossen worden; später konnte der Dichter in das förmliche „Dekret" treten, und seine Pensionsfähigkeit wurde vom Tage des Kontraktschlusses abgerechnet. Der Vater konnte zu diesem Kontrakt nur Glück wünschen und mußte einräumen, hier trete der seltene Fall ein, daß auch ein Dichter auf ehrenvolle Art sich von der Kunst nähren könne, nachdem er eben ein Jahr vorher an den Sohn geschrieben hatte: „Zu bedauern ist jeder, der von der Gunst der Muse Unterhalt erwartet. Nähren soll den Mann sein Geschäft, und hierzu soll sich der Jüngling vorbereiten. Zu der Kunst treibt ihn die Liebe, und was sie ihm dagegen darbietet, hat er bloß als Geschenk anzunehmen, aber nie als auf einen Sold darauf zu rechnen."

Vor der Aufführung des „Zriny" waren auch schon „Hedwig, die Banditenbraut" und „Rosamunde" vollendet worden. „Hedwig" kam am 11. Januar 1813 im Burgtheater zur Aufführung. Die beiden ersten Akte wurden mit großer Spannung, üblichem Beifall und gebührender Empfänglichkeit aufgenommen; der dritte Akt aber erschien zu gräßlich, das Publikum äußerte sein Mißbehagen bei der Situation, wo Hedwig den Rudolf erschlägt. Doch tröstete ein glänzender Schlußbeifall den Dichter über diese ungünstige, aber vorübergehende Wendung in der Aufnahme seines Stücks.

Aus einer so glücklichen, für die Zukunft vielversprechenden Lage: im Besitz einer festen Stellung, einer geliebten Braut, erfolgreich in seinen Schöpfungen und vom Publikum vielfach ausgezeichnet, raffte sich Theodor Körner mit einem wahrhaft heldenmütigen Entschluß, ohne jede äußere ihm nahetretende Aufforderung, auf, um die Waffen für das Vaterland zu ergreifen und sich in die Gefahren des Kriegs zu stürzen. Ehe wir indes den Schlußakt eines so reichen und schönen Jünglingslebens vorführen, wollen wir noch einen Blick auf den Dramatiker Körner werfen, dessen Tätigkeit mit seinem Wiener Aufenthalt begann und abschloß.

Der überquellende Lebensdrang des Jünglings war in Wien zwar in richtigere Bahnen, keineswegs aber, wie es auch schon die aufregende Wirksamkeit eines dramatischen Dichters mit sich bringt, in philiströse Gleise hinübergeleitet worden. So hoch er auch den sänftigenden

Einfluß der Braut anschlägt: derselbe war gewiß ebenso nötig gegenüber den immer neuen Verlockungen glühender Jugendkraft. Seine Erscheinung, sein Talent, sein Feuergeist konnten nur schwer in das Alltägliche einlenken. Sein Äußeres schildert uns Karoline Pichler als eine hohe, schlanke, kräftige Jünglingsgestalt, nicht eben mit schönen, aber sehr bedeutenden Zügen, lebhaften blauen Augen bei ganz dunklem Haar, und in einem etwas vernachlässigten Anzuge. In seinen Briefen finden sich zahlreiche Stellen, aus denen man entnehmen kann, daß der junge Poet auch in Wien noch zu den Nachtschwärmern gehörte. Daß die Neujahrsnacht 1812 bis zum Morgen durchzecht wurde, entspricht Überlieferungen, die auch in solideren Kreisen anerkannt wurden. Doch schon am 8. Januar erfahren wir wieder, daß der Dichter mit zwei Freunden die ganze Nacht durchschwärmt und sich nicht niedergesetzt habe, als bis er sie um 10 Uhr früh in die Kutsche hob. Am 15. Februar in der Redoute bleibt er mit dem Fürsten Odescalchi und dem Theaterdichter von Kurländer als der letzte im Saale. Durch den häufigen Besuch der Proben geriet er so in das Theaterleben, daß er sich ganz wie Wilhelm Meister vorkommt. Auch das Wiener Musikleben geht nicht klanglos an ihm vorüber. Seine eigenen Operntexte, „Alfred", eine seiner ersten Arbeiten, „Das Fischermädchen oder Haß und Liebe", seine Beziehungen zu dem Komponisten Steinacker, zu Schillers Jugendfreund Streicher, der musikalische Aufführungen veranstaltete wie die von Händels „Alexanderfest", bei denen Körner selbst mitwirkte, seine häufigen Mitteilungen über Opern, Konzerte usw. zeugen von dem lebendigen

Verkehr, den seine poetische Muse mit der Muse der Tonkunst unterhielt und der seine „Leier" nicht bloß als ein Sinnbild des dichterischen Berufs erscheinen ließ.

Gewiß würde ein 21jähriger Poet, der nicht aus seiner Studierstube herausgekommen wäre, unfähig gewesen sein zu einer so produktiven dramatischen Tätigkeit, wie sie der junge Körner entwickelte, bei welchem das frische Umhertummeln in allen Lebenskreisen den Mangel reiferer Lebenserfahrung ersetzen mochte. Das ursprüngliche dramatische Talent Körners ist nicht hoch genug anzuschlagen. Er hatte von Haus aus, was allen Romantikern und selbst Heinrich von Kleist fehlte, den Sinn für die Frakturschrift der Bühne, für die großen Konturen der dramatischen Kunst, für dasjenige, was Goethe mit Recht von jedem Bühnenwerk verlangt, die größte Deutlichkeit und unmittelbare Wirkung. Alle psychologischen Tüfteleien, aller anstudierte Kram, alle romantischen Schwärmereien und somnambulen Träumereien, alle formellen Künsteleien lagen ihm fern; mit geradem und gesundem Sinn erfaßte Körner seine Stoffe. Ebenso fern lag ihm alles hyperbolische, forcierte Wesen; der Ausdruck der Energie hatte bei ihm von Haus aus etwas Geklärtes. Zu diesen mehr negativen Vorzügen trat als ein positiver jene klare Anschauung der Szene, aus welcher nicht nur die Bühnenfähigkeit, sondern auch die Bühnenwirksamkeit der Stücke hervorgeht. Diese Anschauung ist in den seltensten Fällen etwas später Angeeignetes; sie ist eine Naturgabe, wie der Ortssinn, wie der Sinn für die Kombinationen des Schachspiels; sie ist aber dem Dramatiker so unentbehrlich, wie dem epischen Dichter der Sinn, die

Äußerlichkeit zu erfassen, und die Gabe, sie zu schildern. Hierzu kam als fernerer Vorzug der dichterische Schwung, der Körner zwar mit leichteren Fittichen emportrug als sein Vorbild Schiller, der aber dennoch für die ernstere Dramatik eine unerläßliche Mitgift ist. Mag man die Eloquenz des dichterischen Ausdrucks noch so oft als Rhetorik verdammen – alle großen Dramatiker haben durch dieselbe ihre machtvollsten Wirkungen erzielt. Sophokles, Shakespeare und Schiller, jeder in seiner Art, sind Meister in ihr. Einer in rohen Ausrufen explodierenden Leidenschaft, einer Leidenschaft ohne diese Beredsamkeit fehlt der Adel der Dichtung.

Wenn nun Körners Dramen, trotz dieser Vorzüge, schon wieder von den Bühnen verschwunden sind, auf denen sie drei Jahrzehnte lang heimisch waren, so liegt der Grund hiervon in der Flüchtigkeit, mit welcher der Dichter sein unleugbares Talent in Anwendung brachte, in der allzu großen Hast, mit der er stets neuen Erfolgen nachjagte, in der Verwöhnung durch die Launen des Glücks und die Gunst des Publikums. Wo er die Goldmünzen desselben hätte schärfer ausprägen sollen, da warf er sie oft ganz beiseite, um dafür Reminiszenzen eines machtvoll auf ihn wirkenden Dichters wie Schiller in Kurs zu setzen. Nicht ursprüngliche Ohnmacht, sondern Hast und Nachlässigkeit verschuldeten diese häufigen Anleihen bei einem verwandten und überlegenen Genius, diese Herrschaft der Phrase, wo sich dem eigenen Talent in der Eile nichts Geeignetes abgewinnen ließ. An anderen Stellen quillt der Born eigener Poesie aus frischester Ursprünglichkeit, mit einer Eigenheit, die dem Schiller'schen Schwung wohl verwandt, aber keineswegs gleichartig war und mit Sicherheit voraussagen ließ, bei größerer Reife werde seine dramatische Originalität unfehlbar diese Lücken-büßer erborgter Dichtermuse gänzlich verdrängen, wie denn auch in den letzten lyrischen Gedichten Körners die Abhängigkeit von dem großen Muster vollständig über-wunden und einer bahnbrechenden Selbständigkeit ge-wichen ist.

Die Vorliebe des Dichters ging zunächst auf das äußer-lich Heroische, das selten die Bühnenwirkung verfehlt. Hedwig, die teils an die Amalie in den „Räubern", teils an „Preciosa" erinnert, welches letztere Stück kurz vorher ohne Erfolg in Wien zur Aufführung gekommen war, erschießt Rudolf; Juranitsch ersticht seine Braut Helene; „Zriny" endet gar mit einer gewaltigen Pulverexplosion, die Feind und Freund begräbt. Doch das Napoleonische Zeitalter hatte die Welt an Pulver und Blei gewöhnt; man kam derartigen szenischen Gewalttätigkeiten nicht mit der ironischen Blasiertheit einer langen Friedenszeit entgegen. In „Hedwig" und „Toni" erregt die Handlung eine gewisse Spannung, wenn auch der Inhalt nirgends zu dichterischer Bedeutung vertieft ist, sondern sich nur auf dem Niveau eines abenteuerlichen Vorgangs hält. In „Zriny" dagegen erhebt sich der Heroismus zu der Hoheit poetischer Bedeutung. Die Monologe Solimans und Zrinys atmen Schwung und Größe; es war der Genius einer in großer weltgeschichtlicher Krisis gärenden Zeit, welcher der Muse eines noch jugendlichen Dichters einen so wuchtvollen Gang und mächtigen Aufschwung gab. Aller-dings ruht die Tragödie auf einer epischen Grundlage; es ist ein Heroismus des Völkerkampfes, welchem die tiefer gehenden dramatischen Konflikte fehlen.

Nach dieser Seite hin bezeichnet Körners letzte Tragödie „Rosamunde" einen entschiedenen Fortschritt. Hier ist dramatische Entwicklung und dramatischer Konflikt, freilich nicht mit psychologischer Feinheit gezeichnet, die man von einem 2ljährigen Jüngling auch nicht erwarten durfte, aber doch auf den Höhepunkten nicht ohne tragische Kraft. Während im „Zriny" die Handlung in geradester Linie auf das Ziel losgeht, finden sich hier jene Verschlingungen und Überraschungen, jene Wendungen in den Charakteren, durch welche erst eine dramatische Entwicklung hervorgerufen wird. Da ist Rosamunde, die Geliebte, die geheime Gattin des Königs, die nicht weiß, daß sie einem König, daß sie einem verheirateten Mann angetraut ist; da ist Richard, der gegenüber den anderen rebellischen Söhnen tapfer zu seinem Vater gehalten hat, bis er in ihm den Nebenbuhler entdeckt. Da ist Anschauung, Wandlung, Bewegung; und außerdem tritt in der Königin Eleonore jenes negative Charakterelement in die Handlung, welches im „Zriny" gänzlich fehlt. Auch die Sprache vertieft sich an einigen Stellen zu einer Reflexion, die von der Schiller'schen Heerstraße abweicht und ihre Bilder den Naturanschauungen und Naturstudien des Dichters entnimmt. Die Katastrophe ist allerdings überstürzt und hat den Charakter des Zufälligen. „Zriny" ist in seiner Art vollendeter als „Rosamunde", es ist aus Einem Guß; aber „Rosamunde" eröffnet bedeutsamere Perspektiven für die Zukunft des Dichters.

Über Körners Lustspiele haben wir bereits Goethes Urteil mitgeteilt. Die übrige Dramatik des Dichters kann man füglich übergehen; das einaktige Schauerstück „Die Sühne", die einaktige militärische Anekdote „Joseph Heyderich", die Operetten und Operntexte zeigen eine vielgewandte, aber doch nur in allerlei Formen umherexperimentierende Begabung.

Aus der Welt der Bühne mit ihren Erfolgen riß sich Theodor Körner los, um auf der Weltbühne selbst eine Rolle zu spielen, die mit seinen Dichtungen in harmonischem Einklang stand. Dieser Entschluß war nicht ein plötzlicher und unvorbereiteter, wie er den meisten erscheinen mochte. Schon bald nach seiner Ankunft in Wien, am 6. Januar 1812, hatte Theodor dem Vater von seinem Plan für die Zukunft geschrieben und hinzugefügt: „er könnte nur durch den Krieg mit Preußen geändert werden, wo ich, wenn die Sache ja ein insurrektionsartiges Ansehen erhielte, meine deutsche Abkunft zeigen und meine Pflicht erfüllen müßte. Man spricht so viel von Aufopferung für die Freiheit und bleibt hinter dem Ofen. Ich weiß wohl, daß ich der Sache den Ausschlag nicht geben würde; aber wenn jeder so denkt, so muß das Ganze untergehen. Man wird vielleicht sagen, ich sei zu etwas Besserem bestimmt; aber es gibt nichts Besseres, als dafür zu fechten oder zu sterben, was man als das Höchste im Leben erkannt. Ich würde euch manche traurige Stunde kosten, aber die Tat wäre nicht gut, wenn sie nicht ein Opfer kostete. Euch unruhige Minuten zu schaffen, ist das drückendste Gefühl für mich. Da mein ruhiges Bewußtsein zu opfern, wäre der härteste Kampf, den ich höher anschlüge, als das bißchen Leben, was ich dabei verlieren könnte." Ein Jahr darauf, am 27. Januar 1813, schreibt er die (von seinem Vater mißverstandenen) Worte: „Es rückt ein großer Augenblick des Lebens heran. Seid überzeugt, ihr findet mich eurer nicht unwürdig, was auch die Prüfung gelte" – Worte, die, wie er am 10. Februar erläuternd hinzufügt, auf den großen Kampf der Zeit gemünzt waren. Am 6. März schreibt er der Mutter: „Die kommende Zeit mag zwischen uns schieben, was sie will, und chinesische Mauern auftürmen, meine Gedanken fliegen darüber weg zu der geliebten Mutter." So war dieser Gedanke während des ganzen Wiener Aufenthalts in Körner lebendig, wenngleich im stillen Heiligtum der Brust verschlossen; nicht der Rausch des Lebens, der Liebe, des Dichterruhms, nicht die Lorbeeren, die ihm auf einer so glücklich betretenen Bahn winkten, nicht die Aussicht, in Weimar unter Goethes Leitung sich in seiner Kunst zu vervollkommnen, machten ihn seinem festen Entschluß untreu. Mochten alle Freunde ihn seiner dichterischen Mission erhalten wollen, er selber erkannte in dem Beruf des Dichters keine Ausnahmeberechtigung gegenüber dem Mahnruf des geknechteten Vaterlandes. Alle hielten ihn, wie Karoline Pichler berichtet, „zu gut für Kanonenfutter"; nur er selbst war anderer Ansicht. Aus solcher Gesinnung entsprang, als der entscheidende Augenblick gekommen war, die Tat. Eine unvergeßliche Urkunde dieser patriotischen und opferfreudigen Gesinnung ist der Brief, den er am 10. März 1813 an seinen Vater schrieb, ein Brief, welcher dem Namen Theodor Körners für immer die begeisterte

Anhänglichkeit der tatkräftigen Jugend, der Patrioten aller Zeiten sichern wird:

„Liebster Vater! Ich schreibe dir diesmal in einer Angelegenheit, die, wie ich das feste Vertrauen zu dir habe, dich weder befremden noch erschrecken wird. Neulich schon gab ich dir einen Wink über mein Vorhaben, das jetzt zur Reife gediehen ist. Deutschland steht auf; der preußische Adler erweckt in allen treuen Herzen durch seine kühnen Flügelschläge die große Hoffnung einer deutschen, wenigstens norddeutschen Freiheit. Meine Kunst seufzt nach ihrem Vaterlande – laß mich ihr würdiger Jünger sein! Ja, liebster Vater, ich will Soldat werden, will das hier gewonnene glückliche und sorgenfreie Leben mit Freuden hinwerfen, um, sei's auch mit meinem Blute, mir ein Vaterland zu erkämpfen. – Nenn's nicht Übermut, Leichtsinn, Wildheit! – Vor zwei Jahren hätte ich es so nennen lassen; jetzt, da ich weiß, welche Seligkeit in diesem Leben reifen kann, jetzt, da alle Sterne meines Glücks in schöner Milde auf mich niederleuchten, jetzt ist es, bei Gott, ein würdiges Gefühl, das mich treibt, jetzt ist es die mächtige Überzeugung, daß kein Opfer zu groß ist für das höchste menschliche Gut, für seines Volkes Freiheit. Vielleicht sagt dein bestochenes väterliches Herz: Theodor ist zu größeren Zwecken da, er hätte auf einem anderen Felde Wichtigeres und Bedeutenderes leisten können, er ist der Menschheit noch ein großes Pfund zu berechnen schuldig. Aber, Vater, meine Meinung ist die: zum Opfertode für die Freiheit und die Ehre seiner Nation ist keiner zu gut, wohl aber sind viele zu schlecht dazu! – Hat mir Gott wirklich etwas mehr als gewöhnlichen Geist eingehaucht, der unter deiner Pflege denken lernte, wo ist der Augenblick, wo ich ihn mehr geltend machen kann? Eine große Zeit will große Herzen, und fühl' ich die Kraft in mir, eine Klippe sein zu können in dieser Völkerbrandung – ich muß hinaus und dem Wogensturm die mutige Brust entgegendrücken. – Soll ich in feiger Begeisterung meinen siegenden Brüdern meinen Jubel nachleiern? – Soll ich Komödie schreiben auf dem Spottheater, wenn ich den Mut und die Kraft mir zutraue, auf dem Theater des Ernstes mitzusprechen? – Ich weiß, du wirst manche Unruhe erleiden müssen, die Mutter wird weinen. Gott tröste sie! ich kann's euch nicht ersparen. Des Glückes Schoßkind rühm' ich mich bis jetzt, es wird mich jetzo nicht verlassen. – Daß ich mein Leben wage, das gilt nicht viel; daß aber dies Leben mit allen Blütenkränzen der Liebe, der Freundschaft, der Freude geschmückt ist und daß ich es doch wage, daß ich die süße Empfindung hinwerfe, die mir in der Überzeugung lebte, euch keine Unruhe, keine Angst zu bereiten, das ist ein Opfer, dem nur ein solcher Preis entgegengestellt werden darf. – Sonnabends oder montags reise ich von hier ab, wahrscheinlich in freundlicher Gesellschaft, vielleicht schickt mich auch Humboldt als Kurier. In Breslau, als dem Sammelplatze, treffe ich zu den freien Söhnen Preußens, die sich in schöner Begeisterung zu den Fahnen ihres Königs gesammelt haben. Ob zu Fuß oder zu Pferd, darüber bin ich noch nicht entschieden und kommt einzig auf die Summe Geldes an, die ich zusammenbringe. Wegen meiner hiesigen Anstellung weiß ich noch nichts gewiß; vermutlich gibt mir der Fürst Urlaub; wo nicht, es gibt in der Kunst keine Anciennetät, und komm' ich wieder nach

Wien, so hab' ich doch das sichere Versprechen des Grafen Palffy, das in ökonomischer Hinsicht noch mehr Vorteile gewährt. – Toni hat mir auch bei dieser Gelegenheit ihre große edle Seele bewiesen. Sie weint wohl, aber der geendigte Feldzug wird ihre Tränen schon trocknen. Die Mutter soll mir ihren Schmerz vergeben; wer mich liebt, soll mich nicht verkennen, und du wirst mich deiner würdig finden. Dein Theodor."

Der Abschied von Wien wurde indes dem jungen Kämpfer schwer genug; wenn auch Wilhelm von Humboldt und Friedrich von Schlegel mit seiner Absicht einverstanden waren, so fehlte es doch auch nicht an abratenden Freunden. So gab sich der in seiner Jugend selbst so unternehmungslustige Streicher, der Genosse der Schiller'schen Flucht, alle Mühe, ihn durch seine Gemeinsprüche in das Gleis der Vernunft, wie er es nannte, zurückzuführen. „Der Abschied von Wien", schrieb Körner an den Vater am 13. März, „liegt noch gewitterdumpfig auf meinem Herzen! – Wäre das schon überstanden! – Warum muß die gerade Straße der Pflicht unbarmherzig manch stilles Blümchen niedertreten, das gern am Wege aufgeblüht wäre?" Am 13. März schreibt er bereits aus Troppau an seine Wiener Freundin Frau von Pereira: „Ich hoffe bald in Reih' und Glied zu stehen und dann, von dem äußeren Leben geräuschvoll gepackt, in dem inneren zu der Art Ruhe zu kommen, die zu einer klaren Erinnerung gehört. Ich habe unendliche Liederträume gehabt, aber keine Ordnung, keine Ausführung, kein Licht!" Und am 22. März aus Zobten: „Mein Herz dreht sich gewaltsam um, wo ich nur eine Büchse blinken sehe. Gott! was ist es für eine große herrliche Zeit! Alles geht mit so freiem, stolzem Mute dem großen Kampfe fürs Vaterland entgegen, alles drängt sich, zuerst für die gute Sache bluten zu können. Es ist nur ein Wille, ein Wunsch in der ganzen Nation, und das abgenutzte „Sieg oder Tod!" bekommt neue, heilige Bedeutung."

Das Lützow'sche Freikorps war am 18. Februar 1813 gebildet worden, sein erster Formationsort Breslau, wo Major von Lützow im Goldenen Zepter sein Werbebüro errichtet hatte und seine junge Gattin in der Bierstube die sich zur Aufnahme in das Korps meldenden Freiwilligen empfing und anwarb. Körner war aller Wahrscheinlichkeit nach nicht in Breslau in das Korps eingetreten. Aus der Biographie der Majorin von Lützow (Gräfin Elisa von Ahlefeldt) erfahren wir wenigstens, daß der junge Dichter ganz kurz vor der Fahnenweihe in Rogau sich der Schar der Freiwilligen angeschlossen hatte; denn er fürchtete, daß seine Uniform zu dieser Feierlichkeit, zu der er selbst einen Choral gedichtet, nicht fertig werden würde, er wandte sich selbst an die Majorin, indem er sie um ihre Fürsprache bei dem Schneider bat. Sie erfüllte diese Bitte und stellte dem Schneider vor, wie begeistert der junge Mann sei, wie unglücklich er sein würde, bei dem Feste fehlen zu müssen. Der Schneider war von der liebenswürdigen Dame so entzückt, daß er versprach, nachts zu arbeiten, um die Uniform fertig zu machen, ja daß er sich sogar selber eine Uniform nähte und in die Freischar eintrat.

Über die Feierlichkeit selbst schreibt Körner am 30. März an Frau von Pereira: „Eine große, herrliche Stunde habe ich am Sonnabend verlebt. Wir zogen in Parade aus Zobten nach Rogau, einem lutherischen Dorfe, wo die Kirche zur feierlichen Einsegnung der Freischar einfach, aber geziemend ausgeschmückt war. Nach Absingung eines Liedes, das Ihr Freund zu der Gelegenheit verfertigt hatte, hielt der Prediger des Orts, Peters mit Namen, eine kräftige, allgemein ergreifende Rede. Kein Auge blieb trocken. Zuletzt ließ er uns den Eid schwören, für die Sache der Menschheit, des Vaterlandes und der Religion weder Gut noch Blut zu schonen, und zu siegen oder zu sterben für die gerechte Sache; wir schworen! – Darauf warf er sich auf die Knie und flehte Gott um Segen für seine Kämpfer an. Bei dem Allmächtigen, es war ein Augenblick, wo in jeder Brust die Todesweihe flammend zuckte, wo alle Herzen heldenmütig schlugen. Der feierlich vorgesagte und von allen nachgesprochene Kriegseid, auf die Schwerter der Offiziere geschworen, und „Eine feste Burg ist unser Gott" machte das Ende der herrlichen Feierlichkeit, die zuletzt noch mit einem donnernden Vivat, das die Krieger der deutschen Freiheit ausbrachten, gekrönt wurde, wobei alle Klingen aus der Scheide flogen und helle Funken das Gotteshaus durchsprühten. Diese Stunde hatte um so mehr Ergreifendes für uns, da die meisten mit dem Gefühl hinausgehen, es sei ihr letzter Gang. Ich weiß auch einige Gesichter in meinem Zuge, von denen ich ganz deutlich voraus weiß, sie sind unter den ersten, die der Würgengel fordert. Es gleicht wohl nichts dem klaren, bestimmten Gefühl der Freiheit, das dem Besonnenen im

Augenblicke der Gefahr lächelnd entgegentritt. Kein Tod ist so mild wie der unter den Kugeln der Feinde; denn was den Tod sonst verbittern mag, der Gedanke des Abschieds von dem, was einem das Liebste, das Teuerste auf dieser Erde war, das verliert seinen Wermut in der schönen Überzeugung, daß die Heiligkeit des Untergangs jedes verwundete befreundete Herz bald heilen werde."

Das Lied, das Körner zu dieser Feier gedichtet hatte, beginnt mit den Worten:

Wir treten hier im Gotteshaus
Mit frommem Mut zusammen.

Das Lützow'sche Korps eignete sich vortrefflich zu einer Pflanzschule der Körner'schen Liederpoesie. Schon von Zobten aus konnte der junge Dichter mitteilen, daß das Korps viele Lieder von ihm singe, und seine Freude darüber ausdrücken, wie angenehm die Verhältnisse seien, in denen er lebe, da die gebildetsten und ausgesuchtesten Köpfe von ganz Deutschland neben ihm in Reih und Glied ständen. „Man könnte einen großen Plan mit lauter Schriftstellern ausführen, so viele stehen bei den Schwarzen."

In den ersten Tagen des Aprils zum Oberjäger erwählt, marschierte Theodor Körner mit seinem Korps nach Dresden, wo er die Seinen wiedersah. Der Vater freute sich seines Sohnes, die anderen weinten. In seinem Vaterhause fand er einen tapferen Mitsänger, Ernst Moritz Arndt, und den großen Mäzen seiner dramatischen Versuche, Goethe. Hier war es, nach Arndt's Bericht in seinen „Erinnerungen", wo Goethe, als sich Körners Vater begeistert und hoffnungsreich aussprach, ihm fast erzürnt erwiderte: „Schüttelt nur an euren Ketten, der Mann ist euch zu groß – ihr werdet sie nicht zerbrechen."

Von Dresden zog die Lützow'sche Freischar nach Leipzig, wo Theodor viele frühere Freunde wiedersah. Hier kam er auf den Gedanken, seine Kriegslieder zu sammeln und zu veröffentlichen, ein Plan, der indes nicht ausgeführt wurde. Doch beschenkte ihn in der Stadt der Literatur, wo Schiller und Goethe gedichtet hatten, seine Muse mit neuen Liedern. Am 24. April, an demselben Tage, an welchem er einstimmig von den Seinigen zum Offizier gewählt worden war, dichtete er auf dem Schneckenberge in Leipzig sein weltberühmtes Lied „Lützow's wilde Jagd."

Seine Feder war indes schon vorher für patriotische Zwecke offiziell in Anspruch genommen worden. Aufgefordert von dem Major von Petersdorff, den er auf einer Dienstreise begleitete, hatte er einen „Aufruf an das Volk der Sachsen, von ihren Freunden" verfaßt, der in der Tat einen hinreißenden Schwung atmet. Der Dichter erinnert seine Landsleute an die Taten ihrer Väter, an die Sachsenkriege gegen den großen Karl, an die Helden ihres Volkes, ihre Heinriche, ihren Moritz, ihren Luther; er schildert mit grellen Farben die Schandtaten der Franzosen. „Sammle dich zu uns", heißt es in dem Aufruf, „wehrbare Jugend des unterjochten Sachsenlands! Sammelt euch zu uns, tüchtige Männer des tüchtigen Volks! Wer nicht mitziehen kann, helfe der allgemeinen Sache mit Rüstung und Zuspruch; eure Brüder in Westfalen erwarten uns, Preußens und Rußlands Adler kämpfen mit uns, und Gott hilft uns siegen."

Im Mai führte Major von Lützow seine Schar über Dessau und Havelberg bis in die Gegend von Lenzen. Hier erhielt er vom General Grafen Wallmoden die Aufforderung, einen Versuch zur Befreiung Havelbergs zu unterstützen. Bei einem ausgedehnten Wäldchen, die Göhrde, setzten sich die vereinigten Truppen unter Dörnbergs Leitung fest. In den benachbarten Dörfern standen die Franzosen unter dem General Beurmann, der alsbald Fußvolk und Ulanen gegen die nahenden Feinde anrücken ließ.

Der erste größere Zusammenstoß stand in Aussicht. Schon längst waren in Körners Gemüt Todesahnungen aufgestiegen, die indes bei einem in den Kampf ziehenden Soldaten nicht eine besondere somnambule Bedeutung in Anspruch nehmen können. Schon von Rogau aus hatte er nach Wien geschrieben, daß seit der Todesweihe im Gotteshause ihm immer eine Ahnung durchs Herz zucke. Aus Leipzig berichtet er am 18. April: „Gestern Abend war ich an eines Freundes Tafel mit zwölf anderen, und die Hausfrau erschrak sehr über die ominöse Dreizehn! Was meinen Sie?" Vor dem Treffen bei der Göhrde aber schlief er ein halbes Stündchen an einem Wachtfeuer. „Da hatt' ich einen Traum", schreibt er an Frau von Pereira, „den ich ewig verschweigen werde, der aber der fürchterlichste und lebhafteste meines ganzen Lebens ist. Sie und Marianne waren bedeutend mit im Spiele, und sonderbarerweise sah ich Marianne in altdeutschen, bürgerlichen Trauerkleidern, mit langen, schwarzen Locken." Noch in der Stimmung dieses Traums dichtete er alsbald nach dem Erwachen das herrliche „Bundeslied vor der Schlacht":

Ahnungsgrauend, todesmutig
Bricht der große Morgen an.

Das Treffen selbst, das am 12. Mai stattfand, hatte einen für die Freischaren günstigen Erfolg. Die Feinde wurden zurückgedrängt. Körner selbst aber hatte keine Lorbeeren gepflückt, denn er war mit 100 Mann an eine Brücke kommandiert worden, mit dem Befehl, den etwaigen Rückzug zu decken, und da kein Rückzug stattfand, hatte er den Kampflärm nur von fern mit angehört. Um so größer war sein Mißmut, als es auch in der nächsten Zeit zu keinem Gefechte kam, indem das Lützow'sche Freikorps von verschiedenen Heeresführern bald hier bald dort zur Deckung von Brückenköpfen und Flußübergängen, zum Schutz des sich organisierenden Landsturms in der Altmark und zu ähnlichen Zwecken verwendet wurde.

Indessen war die Schlacht bei Görschen geschlagen worden und die Franzosen hatten die Elbe überschritten. Lützow faßte den Plan, mit vier Schwadronen seiner Reiterei und 50 Kosaken einen Streifzug im Rücken des feindlichen Heeres zu unternehmen und demselben durch Unterbrechung seiner Verbindungen den größtmöglichen Schaden zu tun. Körner, zu Lützows Adjutanten ernannt, schloß sich diesem Streifzuge an, der durch Thüringen bis in das sächsische Vogtland hin ein Schrecken der Feinde wurde, Kriegsvorräte erbeutete, Kuriere auffing und bei Napoleon selbst die größte Erbitterung erregte, dem überhaupt dieses Freikorps als der Herd der deutschen Ideologie in tiefster Seele verhaßt war. Die heimtückische Art, in welcher er sich desselben zu entledigen versuchte, wird in den Annalen der Befreiungskriege für immer ein Makel auf dem Namen des Imperators und seiner Befehlshaber bleiben.

Am 7. Juli war der Waffenstillstand abgeschlossen und auch dem Major von Lützow in offizieller Weise mitgeteilt worden. Er glaubte daher sich zu seinem Hauptkorps zurückbegeben zu können, ohne auf Widerstand zu stoßen. Kaum war er indes auf der Chaussee bis nach Kitzen, auf der Straße nach Leipzig, gekommen, als er sich von einer feindlichen Übermacht umgeben sah. Der Herzog von Padua, der in Leipzig erst durch den Waffenstillstand selbst von seinen Bedrängern, den Generalen Woronzow und Tschernyschew und der Lützow'schen Infanterie, befreit worden war, hatte rachedurstig seine Truppen den heranrückenden Reitern entgegengeworfen. Körner wurde abgeschickt, um darüber eine Erklärung zu verlangen; doch statt aller Antwort hieb der feindliche Anführer auf ihn ein, und alsbald begann in der Dämmerung der allgemeine Angriff auf die unvorbereitete Reiterschar, an welchem sich auch deutsche Truppen, Württemberger, beteiligten. Die Lützow'schen Reiter wurden auseinandergesprengt, viele getötet und gefangen, die letzteren als „Straßenräuber" mit schweren Ketten belastet in Frankreichs Gefängnisse geschleppt; Lützow selbst rettete sich mit seinen Ulanen auf das rechte Elbufer. Körner war von dem ersten Hieb, der ihn getroffen hatte, schwer verwundet worden; ein zweiter verwundete ihn leichter. Zusammensinkend raffte er sich doch wieder rasch empor, und sein Pferd trug ihn in den nahen Wald. Hier verband er mit Hilfe eines Kameraden seine Wunden und entging einer neuen Gefahr durch seine Geistesgegenwart. Als ein Trupp verfolgender Feinde in den Busch vordrang, rief er mit lauter Stimme: „Die vierte Eskadron soll vorrücken." Die Feinde stutzten, zogen sich zurück, und Körner konnte sich tiefer im Wald verbergen. Am anderen Morgen retteten ihn zwei gutgesinnte Bauern, die ihn auf abgelegenen Wegen nach dem Dorfe Groß-Zschocher führten, wo er von einem Landwundarzt gut verbunden und durch das Einverständnis der Dorfbewohner vor jeder Nachsuchung gesichert blieb. Von hier schrieb Körner an einen Freund in Leipzig, der ihn durch alle drohenden Gefahren hindurch in die von den Feinden besetzte Stadt, teils auf einem wenig betretenen Wiesenwege, teils zu Wasser, geleitete und durch eine Hintertür in seinen an die Wiesen stoßenden Garten führte. So wurde Körner selbst und ein Teil der Kriegskasse der Lützower, den er bei sich trug, gerettet. Fünf Tage weilte Körner in Leipzig, von wo aus er unter dem fingierten Namen Lorenz Juranitsch an seinen Vater einen beruhigenden Brief schrieb. Von Leipzig aus begab er sich nach Karlsbad, von dort über Schlesien nach Berlin, überall die alten freundschaftlichen Beziehungen pflegend.

Noch vor Ende des Waffenstillstandes war Körner wieder vollständig genesen und frischen Mutes bei seinem Korps eingetroffen. Dasselbe stand, nebst der russisch-deutschen Freischar, der hanseatischen Legion und einigen englischen Hilfstruppen, unter dem General von Wallmoden, auf dem rechten Elbufer oberhalb Hamburg dem Davoust'schen Korps gegenüber. Am 17. August wurden die Feindseligkeiten eröffnet; alle Tage kam es zu Scharmützeln. In der Biwakhütte bei Büchen an der Stecknitz dichtete Körner am 17. August das Lied: „Das Volk steht auf, der Sturm bricht los." Am 25. August unternahm Major von Lützow einen Streifzug in dem Rücken des Feindes, wobei ein Transport von Munition und Lebensmitteln, den zwei Kompanien feindlicher Infanterie begleiteten, von den ausspähenden Kosaken entdeckt wurde. Lützow beschloß, diesen Zug aufzuheben. Kurz vor dem Angriff, bei einer Rast im Gehölz, dichtete Theodor Körner sein letztes und schönstes Lied, das „Schwertlied", das er in sein Tagebuch einschrieb und einem Freunde vorlas.

Lützow an der Spitze der Seinen, Körner als Adjutant an seiner Seite, griffen die Flanke des Zuges an, auf der Straße, die von Gadebusch nach Schwerin führt; der Feind floh nach kurzem Widerstande in das naheliegende Gehölz. Hier starb Theodor Körner den Heldentod. Die im Unterholz versteckten feindlichen Tirailleurs schossen auf die verfolgenden Reiter; eine ihrer Kugeln ging durch den Hals des Schimmels, traf den Dichter in den Unterleib, verletzte Leber und Rückgrat und benahm ihm augenblicklich Sprache und Bewußtsein. Sanft wurde Körner, dessen Züge sich gar nicht verändert hatten, von zwei Kampfgenossen, von Hollwitz und dem edlen Friesen – jenem Achilleus der Lützower, dessen Heldengestalt und edles Wesen Jahn dithyrambisch feiert, und der ihm ein halbes Jahr darauf in den Ardennen in den Tod nachfolgte – in den benachbarten Hochwald getragen und einem geschickten Wundarzt übergeben; doch alle Hilfe blieb umsonst. Die Feinde im Walde wurden von den Lützowern alle der Vernichtung geweiht. Außer Körner war ein junger Graf Hardenberg im

Kampfe geblieben und ein Lützow'scher Jäger. Die Hüllen der drei gefallenen Krieger wurden auf Wagen gelegt und mit den Gefangenen fortgeführt. Körner wurde unter einer Eiche nahe an einem Meilensteine bei dem Dorfe Wöbbelin mit allen kriegerischen Ehren und dem Gesange: „Vater, ich rufe dich!" beerdigt. Denkmäler an dieser Stätte und an der Stelle, wo er fiel, bezeichnen das Angedenken des unvergeßlichen heldenmütigen Sängers.

Nicht bloß die deutschen Dichter, ein König Ludwig von Bayern, Rückert, Fouque, Friedrich Kind, Friedrich Förster, Müllner, Stägemann, Theremin, Karoline Pichler, feierten sein Angedenken, auch die Dichter des Auslandes, namentlich die englischen, wie Felicia Hemans u. a. Am erfreulichsten aber ist es, daß neuerdings auch ein junger französischer Dichter, Achille Millieu, in einem begeisterten Liede den heldenmütigen Dichter im Feindeslager verherrlichte.

Körners Gedichtsammlung „Leier und Schwert", 1814 von dem Vater herausgegeben, ist das schönste Vermächtnis des Dichters. Wenn seine früheren Gedichte, selbst die besseren, wie „Der Kynast", noch an mancher Ungleichheit und Unreife kranken, so sind diese letzten von einer ehernen Geschlossenheit der Form, von einem Adel der Gesinnung, von einem Feuer der Begeisterung, die sie zum unvergänglichen Eigentum unserer Nation machen. Daß der Vater einzelne, an die Schiller'sche Jugendepoche erinnernde Kraftausdrücke beseitigte, hat der Sammlung und dem Namen des Dichters nur zum Vorteil gereicht. So kommt in dem „Aufruf an die Sachsen" noch die Wendung vor: „Wir sind alle freie Männer, wir trotzen der Hölle und ihren Bundesgenossen, und wollen sie ersäufen, wär's auch mit unserm Blut." In dem Gedicht „Männer und Buben" kam der Vers vor:

> *Du magst unter seidenen Decken,*
> *Unter Merkur und Latwerge verrecken,*

welchen der Vater dahin abänderte:

> *Du verkriechst dich in seidene Decken,*
> *Winselnd vor der Vernichtung Schrecken.*

Wir glauben, daß die Wahrung des ursprünglichen Textes hier wie in vielen anderen Fällen nicht im Interesse der Literatur liegt, und haben uns daher, gegenüber den verschiedenen Varianten, die sich in den Körner'schen Ausgaben finden, stets der geschmackvolleren Lesart angeschlossen.

Unter der Jugend, welche den Größen unserer Literatur-Walhalla nacheiferte und den Stempel des dichterischen Genius an der Stirn trug, wird Theodor Körner stets den ersten Platz einnehmen. Ja, er hat vor jenen noch das voraus, daß sein Leben und Dichten in seltener Weise aus Einem Gusse waren und daß sein Tod den harmonischen Entwicklungsgang gleichsam in einem vollen Akkord austönen ließ.

Rudolf Gottschall.

LEIER UND SCHWERT.

1809 – 1813.

Zueignung

ZUEIGNUNG.
Am 24. April 1813.

Euch allen, die Ihr noch mit Freundestreue
An den verwegnen Zitherspieler denkt,
Und deren Bild, so oft ich es erneue,
Mir stillen Frieden in die Seele senkt,

Euch gilt dies Lied! O daß es Euch erfreue!
Zwar hat Euch oft mein wildes Herz gekränkt,
Hat stürmisch manche Stunde Euch verbittert,
Doch Eure Treu' und Liebe nicht erschüttert.

So bleibt mir hold! – Des Vaterlandes Fahnen,
Hoch flattern sie am deutschen Freiheitsport.
Es ruft die heil'ge Sprache unsrer Ahnen:
„Ihr Sänger, vor! und schützt das deutsche Wort!"
Das kühne Herz läßt sich nicht länger mahnen,
Der Sturm der Schlachten trägt es brausend fort;
Die Leier schweigt, die blanken Schwerter klingen:
Heraus, mein Schwert! magst auch dein Liedchen singen!

Laut tobt der Kampf. – Lebt wohl, Ihr treuen Seelen!
Euch bringt dies Blatt des Freundes Gruß zurück;
Es mag Euch oft, recht oft von ihm erzählen,
Es trage sanft sein Bild vor Euren Blick!
Und sollt' ich einst im Siegesheimzug fehlen:
Weint nicht um mich, beneidet mir mein Glück!
Denn was berauscht die Leier vorgesungen,
Das hat des Schwertes freie Tat errungen.

ANDREAS HOFERS TOD.
1809.

Treu hingst du deinem alten Fürsten an,
Treu wolltest du dein altes Gut erfechten;
Der Freiheit ihren ew'gen Bund zu flechten,
Betratst du kühn die große Heldenbahn.
Und treu kam auch dein Volk zu dir heran,
Ob sie der Väter Glück erkämpfen möchten.
Doch wer vermag's, mit Gottes Spruch zu rechten?
Der schöne Glaube war – ein schöner Wahn.
Es fangen dich die Sklaven des Tyrannen;
Doch wie zum Siege blickst du himmelwärts:
Der Freiheit Weg geht durch des Todes Schmerz!
Und ruhig siehst du ihre Büchsen spannen;
Sie schlagen an, die Kugel trifft ins Herz,
Und deine freie Seele fliegt von dannen!

———————

DIE EICHEN.
1810.

Abend wird's, des Tages Stimmen schweigen,
Röter strahlt der Sonne letztes Glühn;
Und hier sitz' ich unter euren Zweigen,
Und das Herz ist mir so voll, so kühn!
Alter Zeiten alte treue Zeugen,
Schmückt euch doch des Lebens frisches Grün,
Und der Vorwelt kräftige Gestalten

Sind uns noch in eurer Pracht erhalten.

Viel des Edlen hat die Zeit zertrümmert,
Viel des Schönen starb den frühen Tod;
Durch die reichen Blätterkränze schimmert
Seinen Abschied dort das Abendrot.
Doch um das Verhängnis unbekümmert,
Hat vergebens euch die Zeit bedroht,
Und es ruft mir aus der Zweige Wehen:
Alles Große muß im Tod bestehen!

Und ihr habt bestanden! Unter allen
Grünt ihr frisch und kühn mit starkem Mut;
Wohl kein Pilger wird vorüberwallen,
Der in eurem Schatten nicht geruht.
Und wenn herbstlich eure Blätter fallen,
Tot auch sind sie euch ein köstlich Gut;
Denn verwesend werden eure Kinder
Eurer nächsten Frühlingspracht Begründer.

Schönes Bild von alter deutscher Treue,
Wie sie bessre Zeiten angeschaut,
Wo in freudig kühner Todesweihe
Bürger ihre Staaten festgebaut. –
Ach, was hilft's, daß ich den Schmerz erneue?
Sind doch alle diesem Schmerz vertraut!
Deutsches Volk, du herrlichstes von allen,
Deine Eichen stehn, du bist gefallen!

———

VOR RAUCHS BÜSTE DER KÖNIGIN LUISE.
1812.

Du schläfst so sanft! Die stillen Züge hauchen
Noch deines Lebens schöne Träume wieder;
Der Schlummer nur senkt seine Flügel nieder,
Und heil'ger Friede schließt die klaren Augen.
So schlummre fort, bis deines Volkes Brüder,
Wenn Flammenzeichen von den Bergen rauchen,
Mit Gott versöhnt, die rost'gen Schwerter brauchen,
Das Leben opfernd für die höchsten Güter!
Tief führt der Herr durch Nacht und durch Verderben:
So sollen wir im Kampf das Heil erwerben,
Daß unsre Enkel freie Männer sterben.
Kommt dann der Tag der Freiheit und der Rache,
Dann ruft dein Volk; dann, deutsche Frau! erwache,
Ein guter Engel für die gute Sache!

———————

AUF DEM SCHLACHTFELDE VON ASPERN.
1812.

Schlachtfeld, wo der Todesengel würgte,
Wo der Deutsche seine Kraft verbürgte,
Heil'ger Boden! dich grüßt mein Gesang;
Frankreichs stolze Adler sahst du zittern,
Sahst des Wütrichs Eisenkraft zersplittern,
Die sich frech die halbe Welt bezwang. –
Euch, ihr Manen der gefallnen Helden,
Deren Blick im Siegesdonner brach,
Ruf' ich in den Frühling eurer Welten
Meines Herzens ganzen Jubel nach.

Daß ich damals nicht bei euch gestanden!
Daß, wo Brüder Sieg und Freiheit fanden,
Ich trotz Kraft und Jugend doch gefehlt!
Glückliche, die ihr den Tag erfochten!

Ewge Lorbeern habt ihr euch geflochten,
Zum Triumph des Vaterlands erwählt. –
Schwarz und traurig wie auf Grabestrümmern
Wälzt auf Deutschland sich des Schicksals Macht;
Doch begeisternd wie mit Sternesschimmern
Bricht der eine Tag durch unsre Nacht.

Sonnenhauch in düstern Nebeljahren,
Deine Strahlen laß uns treu bewahren,
Als Vermächtnis einer stolzen Zeit!
Überall im großen Vaterlande,
Von der Ostsee bis zum Donaustrande,
Macht dein Name alle Herzen weit.
Aspern klingt's, und Karl klingt's siegestrunken,
Wo nur deutsch die Lippe lallen kann.
Nein, Germanien ist nicht gesunken,
Hat noch einen Tag und einen Mann.

Und solange deutsche Ströme sausen,
Und solange deutsche Lieder brausen,
Gelten diese Namen ihren Klang;
Was die Tage auch zerschmettert haben,
Karl und Aspern ist ins Herz gegraben,
Karl und Aspern donnert im Gesang.
Mag der Staub gefallner Helden modern,
Die dem großen Tode sich geweiht:
Ihres Ruhmes Flammenzüge lodern
In dem Tempel der Unsterblichkeit.

Aber nicht, wie sie die Nachwelt richte,
Nicht die ew'ge Stimme der Geschichte

Reißt der Mitwelt große Schuld entzwei.
Ihre Todesweihe lebt im Liede;
Doch umsonst such' ich die Pyramide,
Die der Denkstein ihrer Größe sei.
Auf dem Walplatz heiligten die Ahnen
Ihrer Eichen stolze Riesenpracht,
Und die Irmensäule der Germanen
Sprach von der geschlagnen Römerschlacht.

In dem blut'gen Tal der Thermopylen,
Wo der Griechen freie Scharen fielen,
Grub in Marmor ihrer Brüder Dank:
„Wandrer, sag's den kinderlosen Eltern,
Daß fürs Vaterland auf diesen Feldern
Spartas kühne Heldenjugend sank!"
Und Jahrtausende sind Staub geworden,
Jenes Marmors heil'ge Säule brach;
Doch in triumphierenden Akkorden
Riefen's die Jahrhunderte sich nach

Und erzählten, trotz dem Sturmgetöse
Ihrer Zeit, von der Heroengröße
Der Gefallnen und von Spartas Dank:
Groß war Griechenland durch seine Helden,
Aber größer noch durch sein Vergelten,
Wenn der Bürger für die Freiheit sank. –
Jenseits lohnt ein Gott mit ew'gen Strahlen;
Doch das Leben will auch seinen Glanz:
Nur mit Ird'schem kann die Erde zahlen,
Und der Ölzweig windet sich zum Kranz.

Drum soll es die Nachwelt laut erfahren,
Wie auch deutsche Bürger dankbar waren,
Wie wir der Gefallnen Tat erkannt.
Daß ihr Tod uns Lebende ermutet,
Daß sie für Unwürd'ge nicht geblutet,
Das beweise, deutsches Vaterland!
Deine Sänger laß in Liedern stürmen,
Und zum Steine füge kühn den Stein,
Und die Pyramide laß sich türmen,
Der gefallnen Brüder wert zu sein!

Nur glaub' nie, du schmücktest ihre Krone,
Wenn du deine goldnen Pantheone
Über ihre Grabeshügel wölbst.
Stolzes Volk! denkst du mit Marmorhaufen
Deines Dankes Schuldbrief abzukaufen?
Deine Kuppeln ehren nur dich selbst.
Nur das Ew'ge kann das Ew'ge schmücken;
Erdenglanz welkt zur Vergessenheit:
Was die Zeiten brechen und erdrücken,
Ist gemein für die Unsterblichkeit.

Aber, Deutschland, um dich selbst zu ehren,
Nicht den eignen Tempel zu zerstören,
Den die angeerbte Kraft gebaut,
Zeig' dich wert der großen Todesweihe,
Dich, Germania, in alter Treue,
Männerstolze, kühne Heldenbraut!
Friedlich Volk, brich aus den kalten Schranken
Warm und frei, wie dich die Vorwelt kennt!
Auf den Feldern, wo die Adler sanken,

Türme deines Ruhmes Monument!

Sieh umher bei fremden Nationen,
Wie sie dort ein mutig Werk belohnen,
Wie der Marmor in den Tempeln glänzt;
Jeder Sieg aus dunkler Wissenssphäre
Drängt sich in das Pantheon der Ehre,
Und der kühne Künstler steht bekränzt:
Aber gibt es einen Preis im Leben,
Wohinan nicht dieser Kampf gereicht?
Gut und Blut für Volk und Freiheit geben –
Nenn die Tat, die sich der Tat vergleicht!

Drum, mein Volk, magst du den Aufruf hören:
Östreich, deine Toten sollst du ehren!
Wer zum deutschen Stamme sich bekennt,
Reiche stolz und freudig seine Gabe!
Und so baue sich auf ihrem Grabe
Ihrer Heldengröße Monument,
Daß es die Jahrhunderte sich sagen,
Wenn die Mitwelt in den Strudel sank:
Diese Schlacht hat deutsches Volk geschlagen,
Dieser Stein ist deutschen Volkes Dank!

———————

HOCH LEDE DAS HAUS ÖSTERREICH!
Aus der Geschichte der Schlacht von Aspern.
1812.

Es schweigt die Nacht, die Erde träumt,
Und bleich der Mond die Wolken säumt.

Was bist du, Welt, so still, so leer?
Was lau'rst du wie ein falsches Meer?
Es saust so öde durch dein Reich,
Und Schauder faßt die Seele, gleich
Als wolltest du mit leisem Beben
Des Morgens blut'gen Schleier heben.
Noch schlummert's tief in Lagers Raum,
Die Sterne steigen auf und nieder,
Die Totenstille regt sich kaum:
O laß der Welt den schönen Traum,
Der nahe Tag verscheucht ihn wieder!

In Osten graut's, es sinkt die Nacht.
Gottlob! der Morgen ist erwacht!

Gottlob! der neue Tag bricht an. –
Seht euch noch mal die Sonne an;
Wohl viele, die jetzt rüstig stehn,
Sehn sie nie wieder untergehn.
In manchem Herzen pocht das Blut
Nach raschen Streites Übermut;
Und eh' die nächsten Stunden tagen,
Hat manches Herz schon ausgeschlagen!
Die Sonne kommt, der Nebel reißt,

Ein stumm Gebet den Vater preist.

Nun lebt und regt sich alle Welt,
In blanken Waffen glänzt das Feld.
Der Jüngling schreitet kühn hinaus.
Er schaut hinauf ins Vaterhaus,
Und leise Ahnung füllt sein Herz
Und zieht ihn dämmernd himmelwärts.
Da trägt der tiefbewegte Sinn
Die Träume zu der Liebsten hin:
Sie weinte, als er scheiden mußt';
Und Wehmut haucht in seine Brust,
Und er gedenkt der schönen Zeiten –
Er fühlt's, es war ein ewig Scheiden!

Die Sonne steigt, der Lärmschuß kracht,
Laut jubelnd zieht das Heer zur Schlacht.

„Seht ihr den Stephan herüberwinken,
Und dort die fränk'schen Adler blinken?
Auf, Brüder, stürzt euch mutig drein,
Die Adler müssen unser sein! –
Lebt wohl, lebt wohl, ihr meine Lieben!
Weint nicht, ich wollt' euch nicht betrüben!“

Es wogt der Kampf, es brüllt der Tod,
Die Wunden klaffen blutigrot.

„Mir nach! mir nach! dort ist der Ruhm;
Ihr kämpft für euer Heiligtum!“
Und neben ihm und unter ihm
Würgt rasch des Todes Ungestüm,

Und Mann und Roß zusammenbrach;
Er aber jauchzt: „Mir nach! mir nach!"
Da pfeift eine Kugel durch seine Brust,
Daß gleich das Auge brechen mußt';
Doch hat er mit der letzten Kraft
Den letzten Atem zusammengerafft,
Und ruft, und stürzt zu Boden gleich:
„Hoch lebe das Haus Österreich!"

Der Adler sinkt, die Fahne fliegt.
Heil dir, mein Volk! du hast gesiegt.

––––––––

DEM SIEGER VON ASPERN.
Bei Übersendung der beiden vorhergehenden Gedichte.
1812.

Was der verwegnen Hand gebot, in die Saiten zu schlagen,
Was mein jugendlich Herz tief in Entzückung getaucht,
Dieser Begeisterung Sturm, er schlummert nirgend, es
mangelt
Nie der Brust das Gefühl, nur dem Gefühle das Wort.
Manche schweigen wohl auch, weil die Zeit das Schweigen
gebiete,
Weil der drängende Tag scheuche den glücklichen Mut;
Aber die Zeit will ich sehn und den Tag, der gebieten kann,
frostig,
Kalt und besonnen zu sein, wenn mich Entzückung
durchglüht,

Wenn mein germanischer Stolz sich beugt dem
germanischen Helden,
Der auf dem Altar des Siegs Funken und Flammen
geweckt.
Darum riß es mich fort: ich griff in die rauschenden
Saiten,
Sang es laut, was sich sonst wortlos im Herzen vergrub.
Aber der Held verzeihe der armen Kunst seines Barden,
Die mit frevelndem Mut sich an das Höchste gewagt!
Zürnt doch der Sturm, der den Donner der brechenden
Eiche gewohnt ist,
Drum dem Schilfe nicht, das ihm entgegengerauscht.

BEI DER MUSIK DES PRINZEN LOUIS FERDINAND.
1812.

Düstre Harmonien hör' ich klingen.
Mutig schwellen sie ans volle Herz,
In die Seele fühl' ich sie mir dringen,
Wecken mir den vaterländ'schen Schmerz,
Und mit ihren früh geprüften Schwingen
Kämpfen sie im Sturme himmelwärts;
Doch sie tragen nur ein dunkles Sehnen,
Nicht den Geist aus diesem Land der Tränen.

Allgewaltig hält ihn noch das Leben,
Taucht den Flügel in den styg'schen Fluß;
Es ist nicht der Künste freies Streben,

Nicht verklärter Geister Weihekuß;
Noch dem Erdgeist ist er preisgegeben,
Mit dem Staube kämpft der Genius,
Reißt er auch im Rausche der Gedanken
Oft sich blutend los aus seinen Schranken.

Dann ergreift ihn ein bacchantisch Wüten,
Wilde Melodienblitze sprühn,
Aus dem Tode ruft er Strahlenblüten –
Und zertritt sie kalt, sobald sie blühn.
Wenn die letzten Funken bleich verglühten,
Hebt er sich noch einmal stolz und kühn –
Und versinkt dann mit gewalt'gem Schauren
In den alten Kampf mit dem Zentauren.

Wilder Geist! jetzt hast du überwunden.
Deine Nacht verschmilzt in Morgenrot;
Ausgekämpft sind deiner Prüfung Stunden,
Leer der Kelch, den dir das Schicksal bot.
Kunst und Leben hat den Kranz gewunden,
Auf die Locken drückte ihn der Tod.
Deinen Grabstein kann die Zeit zermalmen;
Doch die Lorbeern werden dort zu Palmen.

Und dein Sehnen klagte nicht vergebens;
Einmal ward's in deiner Seele Tag:
Als dein Herz, am kühnsten Ziel des Strebens,
Kalt und blutend auf der Walstatt lag.
Sterbend löste sich der Sturm des Lebens,
Sterbend löste sich der Harfe Schlag,
Und des Himmels siegverklärte Söhne

Trugen dich ins freie Land der Töne.

MEIN VATERLAND.
1813.

Wo ist des Sängers Vaterland? –
Wo edler Geister Funken sprühten,
Wo Kränze für das Schöne blühten,
Wo starke Herzen freudig glühten,
Für alles Heilige entbrannt:
Da war mein Vaterland.

Wie heißt des Sängers Vaterland? –
Jetzt über seiner Söhne Leichen,
Jetzt weint es unter fremden Streichen;
Sonst hieß es nur das Land der Eichen,
Das freie Land, das deutsche Land:
So hieß mein Vaterland.

Was weint des Sängers Vaterland? –
Daß vor des Wütrichs Ungewittern
Die Fürsten seiner Völker zittern,
Daß ihre heil'gen Worte splittern,
Und daß sein Ruf kein Hören fand:
Drum weint mein Vaterland.

Wem ruft des Sängers Vaterland? –
Es ruft nach den verstummten Göttern,
Mit der Verzweiflung Donnerwettern

Nach seiner Freiheit, seinen Rettern,
Nach der Vergeltung Rächerhand:
Dem ruft mein Vaterland.

Was will des Sängers Vaterland? –
Die Knechte will es niederschlagen,
Den Bluthund aus den Grenzen jagen
Und frei die freien Söhne tragen,
Oder frei sie betten untern Sand:
Das will mein Vaterland.

Und hofft des Sängers Vaterland? –
Es hofft auf die gerechte Sache,
Hofft, daß sein treues Volk erwache,
Hofft auf des großen Gottes Rache,
Und hat den Rächer nicht verkannt:
Drauf hofft mein Vaterland.

———————

MOSKAU.
1813.

Wie wölben dort sich deiner Kirchen Bogen!
Wie schimmern der Paläste goldne Wände!
Es schwärmt der Blick, wohin ich ihn versende,
Von einer Pracht zur andern fortgeflogen.
Da wälzen sich auf einmal glühnde Wogen,
Es schleudern deiner Bürger eigne Hände
Aufs eigne Dach die sprühnden Fackelbrände;
Ein Feuerkreis hat prasselnd dich umzogen.

O laß dich nur vom Aberwitz verdammen!
Ihr Kirchen, stürzt! Paläste, brecht zusammen!
Der Phönix Rußlands wirft sich in die Flammen;
Doch hochverklärt aus seinem Feuerkranze
Wird er erstehn, im frischen Jugendglanze!
Und Sankt-Georg schwingt siegend seine Lanze.

———————

LIED ZUR FEIERLICHEN EINSEGNUNG DES PREUSSISCHEN FREIKORPS.

Gesungen in der Kirche zu Rogau in Schlesien am
28. März 1813.

Nach der Weise: *Ich will von meiner Missetat usw.*

Wir treten hier im Gotteshaus
Mit frommem Mut zusammen.
Uns ruft die Pflicht zum Kampf hinaus,
Und alle Herzen flammen;
Denn was uns mahnt zu Sieg und Schlacht,
Hat Gott ja selber angefacht.
Dem Herrn allein die Ehre!

Der Herr ist unsre Zuversicht,
Wie schwer der Kampf auch werde;
Wir streiten ja für Recht und Pflicht
Und für die heil'ge Erde.
Drum, retten wir das Vaterland,
So tat's der Herr durch unsre Hand.
Dem Herrn allein die Ehre!

Es bricht der freche Übermut
Der Tyrannei zusammen;
Es soll der Freiheit heil'ge Glut
In allen Herzen flammen.
Drum frisch in Kampfes Ungestüm!
Gott ist mit uns, und wir mit ihm!
Dem Herrn allein die Ehre!

Er weckt uns jetzt mit Siegeslust
Für die gerechte Sache;

Er rief es selbst in unsre Brust:
Auf, deutsches Volk, erwache!
Und führt uns, wär's auch durch den Tod,
Zu seiner Freiheit Morgenrot.
Dem Herrn allein die Ehre!

TROST.
Ein Rundgesang.
1813.

Wie wir so treu beisammenstehn
Mit unverfälschtem Blut!
Der Feierstunde heilig Wehn
Schwellt meinen jungen Mut,
Es treibt mich rasch zum Liede fort,
Zum Harfensturm hinaus;
Im Herzen lebt ein kühnes Wort –
Was gilt's, ich sprech' es aus!

Chor.
Und lebt in dir ein kühnes Wort,
Nur zu und sprich es aus.

Die Zeit ist schlimm, die Welt ist karg,
Die Besten weggerafft;
Die Erde wird ein großer Sarg
Der Freiheit und der Kraft.
Doch, Mut! Wenn auch die Tyrannei
Die deutsche Flur zertrat:

In vielen Herzen, still und treu,
Keimt noch des Guten Saat.

Chor.
In vielen Herzen, still und treu,
Keimt noch des Guten Saat.

Verschüchtert durch den blutgen Ruhm
Und durch der Schlachten Glück,
Flohn zu der Seele Heiligtum
Die Künste scheu zurück;
Sind auch die Täler jetzt verwaist,
Wo sonst ihr Tempel war:
Es bleibt doch jeder reine Geist
Ihr ewiger Altar.

Chor.
Es bleibt doch jeder reine Geist
Ihr ewiger Altar.

Und Freundestreu' und Wahrheit gilt
Noch eine heil'ge Pflicht.
Sieh, wie der Gießbach brausend schwillt!
Du rufst – mich schreckt er nicht.
Und läg' es vor mir wolkenweit
Und sternhoch über mir:
Beim Gott! ich halte meinen Eid.
Schlag ein! ich folge dir.

Chor.
Beim Gott! ich halte meinen Eid.
Schlag ein! ich folge dir.

Und Frauenunschuld, Frauenlieb'
Steht noch als höchstes Gut,
Wo deutscher Ahnen Sitte blieb
Und deutscher Jünglingsmut.
Noch trifft den Frevler heil'ger Bann,
Der diesen Zauber stört;
Wer für sein Lieb nicht sterben kann,
Ist keines Kusses wert.

Chor.
Wer für sein Lieb nicht sterben kann,
Ist keines Kusses wert.

Auch du hast noch nicht ausgeflammt,
Du heil'ge Religion!
Was von der ew'gen Liebe stammt,
Ist zeitlich nicht entflohn.
Das Blut wäscht die Altäre rein,
Die wir entheiligt sehn;
Die Kreuze schlägt man frevelnd ein:
Doch bleibt der Glaube stehn.

Chor.
Die Kreuze schlägt man frevelnd ein:
Doch bleibt der Glaube stehn.

Und noch regt sich mit Adlers Schwung
Der vaterländ'sche Geist,
Und noch lebt die Begeisterung,
Die alle Ketten reißt.
Und wie wir hier zusammenstehn
In Lust und Lied getaucht,

So wollen wir uns wiedersehn,
Wenn's von den Bergen raucht!

Chor.
So wollen wir uns wiedersehn,
Wenn's von den Bergen raucht.

Dann frisch, Gesellen! Kraft und Mut –
Der Tag der Rache kömmt –,
Bis wir sie mit dem eignen Blut
Vom Boden weggeschwemmt!
Und du im freien Morgenrot
Zu dem die Hymne stieg,
Du führ' uns, Herr! wär's auch zum Tod,
Führ' nur das Volk zum Sieg!

Chor.
Ja, führ' uns Herr! wär's auch zum Tod,
Führ' nur das Volk zum Sieg!

————————

DURCH!
(Ein Petschaft mit einem Pfeil, der auf eine Wolke
zufliegt, und mit der Unterschrift „Durch!"
gab Gelegenheit zu diesem Gedicht.)
1813.

Wie dort im Nebelkranze
Voll finstrer Majestät
Die schwarze Wolkenschanze

Am Firmamente steht!
Die Feuerkugeln sprühen
Aus ihrem dunkeln Schoß,
Und Zackenflammen glühen,
Und Donner brechen los.

Und vor dem Zorngerichte
Kniet armer Sünder Zahl:
„Herr Zebaoth! Vernichte
Nur nicht mein stilles Tal!
Das ganze Volk erschlage,
Rotte die Menschheit aus;
Nur laß mir meine Tage
Und mein Kind und mein Haus!"

O liegt nur im Gebete,
Feig in den Staub gebückt!
Daß euch der Gott zertrete,
Der in den Blitzen zückt!
Die Glocke in dem Sturme,
Die zum Gebete ruft,
Lockt erst nach ihrem Turme
Die flammenschwangre Luft. –

Und eine andre Menge
Steht, dem Verderben nah',
Mit blitzendem Gepränge
In Waffenrüstung da.
Wie sie, noch ohne Grauen,
Ganz ruhig fürder ziehn
Und nach den Blitzen schauen,

Die immer näher glühn!

Was soll das ew'ge Zaudern?
Hier hilft nur rasche Tat,
Die kraftvoll, ohne Schaudern
Das Schlangenhaupt zertrat.
Soll euch die Rüstung schützen?
Sonst wehrt sie wohl dem Streich;
Jetzt ruft sie nach den Blitzen,
Ruft Rache über euch. –

Nein, frisch! Ein freudig Siegen
Kommt nur nach heißer Schlacht.
Seht ihr den Pfeil dort fliegen?
Der bricht die Wolkennacht;
Durch muß er, durch! – Der Bogen
Schonte die Sehne nicht;
Der Pfeil ist durchgeflogen,
Schwimmt nun im Sonnenlicht!

Durch, Brüder, durch! Dies werde
Das Wort in Kampf und Schmerz.
Gemeines will zur Erde,
Edles will himmelwärts!
Soll uns der Sumpf vermodern? –
Was gilt der Weltenbrand? –
Drum laßt den Blitz nur lodern:
Durch! Dort ist's Vaterland!

———————

ABSCHIED VON WIEN.
1813.

Leb' wohl! leb' wohl! Mit dumpfen Herzensschlägen
Begrüß' ich dich und folge meiner Pflicht;
Im Auge will sich eine Träne regen –
Was sträub' ich mich? die Träne schmäht mich nicht.
Ach! wo ich wandle, sei's auf Friedenswegen,
Sei's wo der Tod die blut'gen Kränze bricht,
Da werden deine teuren Huldgestalten
In Lieb und Sehnsucht meine Seele spalten.

Verkennt mich nicht, ihr Genien meines Lebens,
Verkennt nicht meiner Seele ernsten Drang;
Begreift die treue Richtung meines Strebens –
So in dem Liede, wie im Schwerterklang!
Es schwärmten meine Träume nicht vergebens;
Was ich so oft gefeiert mit Gesang,
Für Volk und Freiheit ein begeistert Sterben:
Laßt mich nun selbst um diese Krone werben!

Wohl leichter mögen sich die Kränze flechten,
Errungen mit des Liedes heiterm Mut;
Ein rechtes Herz schlägt freudig nach dem Rechten.
Die ich gepflegt mit jugendlicher Glut,
Laßt mich der Kunst ein Vaterland erfechten,
Und gält es auch das eigne wärmste Blut!
Noch diesen Kuß! Und wenn's der letzte bliebe:
Es gibt ja keinen Tod für unsre Liebe.

———————

AUFRUF.
1813.

Frisch auf, mein Volk! Die Flammenzeichen rauchen,
Hell aus dem Norden bricht der Freiheit Licht;
Du sollst den Stahl in Feindesherzen tauchen.
Frisch auf, mein Volk! Die Flammenzeichen rauchen,
Die Saat ist reif; ihr Schnitter, zaudert nicht!
Das höchste Heil, das letzte, liegt im Schwerte!
Drück' dir den Speer ins treue Herz hinein:
Der Freiheit eine Gasse! Wasch' die Erde,
Dein deutsches Land, mit deinem Blute rein!

Es ist kein Krieg, von dem die Kronen wissen;
Es ist ein Kreuzzug, 's ist ein heil'ger Krieg!
Recht, Sitte, Tugend, Glauben und Gewissen
Hat der Tyrann aus deiner Brust gerissen;
Errette sie mit deiner Freiheit Sieg!
Das Winseln deiner Greise ruft: „Erwache!"
Der Hütte Schutt verflucht die Räuberbrut,
Die Schande deiner Töchter schreit um Rache,
Der Meuchelmord der Söhne schreit nach Blut.

Zerbrich die Pflugschar, laß den Meißel fallen,
Die Leier still, den Webstuhl ruhig stehn;
Verlasse deine Höfe, deine Hallen!
Vor dessen Antlitz deine Fahnen wallen,
Er will sein Volk in Waffenrüstung sehn.
Denn einen großen Altar sollst du bauen
In seiner Freiheit ew'gem Morgenrot,
Mit deinem Schwert sollst du die Steine hauen,

Der Tempel gründe sich auf Heldentod.

Was weint ihr, Mädchen, warum klagt ihr, Weiber,
Für die der Herr die Schwerter nicht gestählt,
Wenn wir entzückt die jugendlichen Leiber
Hinwerfen in die Scharen eurer Räuber,
Daß euch des Kampfes kühne Wollust fehlt?
Ihr könnt ja froh zu Gottes Altar treten;
Für Wunden gab er zarte Sorgsamkeit,
Gab euch in euern herzlichen Gebeten
Den schönen reinen Sieg der Frömmigkeit.

So betet, daß die alte Kraft erwache,
Daß wir dastehn das alte Volk des Siegs;
Die Märtyrer der heil'gen deutschen Sache,
O ruft sie an als Genien der Rache,
Als gute Engel des gerechten Kriegs!
Luise, schwebe segnend um den Gatten!
Geist unsers Ferdinand, voran dem Zug!
Und all' ihr deutschen freien Heldenschatten,
Mit uns, mit uns und unsrer Fahnen Flug!

Der Himmel hilft, die Hölle muß uns weichen.
Drauf, wackres Volk! Drauf! ruft die Freiheit, drauf!
Hoch schlägt dein Herz, hoch wachsen deine Eichen,
Was kümmern dich die Hügel deiner Leichen?
Hoch pflanze da die Freiheitsfahne auf!
Doch stehst du dann, mein Volk, bekränzt vom Glücke,
In deiner Vorzeit heil'gem Siegerglanz:
Vergiß die treuen Toten nicht und schmücke

Auch unsre Urne mit dem Eichenkranz!

DER PREUSSISCHE GRENZADLER.
Am 18. März 1813.

Sei mir gegrüßt im Rauschen deiner Flügel!
Das Herz verheißt mir Sieg in deinem Zeichen.
Durch! edler Aar! die Wolke muß dir weichen;
Fleug rächend auf von deiner Toten Hügel!
Das freie Roß gehorcht dem Sklavenzügel,
Den Glanz der Raute seh' ich welk verbleichen,
Der Löwe krümmt sich unter fremden Streichen;
Du nur erhebst mit neuem Mut die Flügel.

Bald werd' ich unter deinen Söhnen stehen,
Bald werd' ich dich im Kampfe wiedersehen,
Du wirst voran zum Sieg, zur Freiheit wehen.
Was dann auch immer aus dem Sänger werde:
Heil ihm, erkämpft er auch mit seinem Schwerte
Nichts als ein Grab in einer freien Erde!

———————

AN DIE KÖNIGIN LUISE.
1813.

Du Heilige, hör' deiner Kinder Flehen,
Es dringe mächtig auf zu deinem Licht!
Kannst wieder freundlich auf uns niedersehen,
Verklärter Engel! länger weine nicht;
Denn Preußens Adler soll zum Kampfe wehen,
Es drängt dein Volk sich jubelnd zu der Pflicht,
Und jeder wählt – und keinen siehst du beben –
Den freien Tod für ein bezwungnes Leben.

Wir lagen noch in feige Schmach gebettet,
Da rief nach dir dein besseres Geschick;
An die unwürd'ge Zeit warst du gekettet,
Zur Rache mahnte dein gebrochner Blick:
So hast du uns den deutschen Mut gerettet.
Jetzt sieh auf uns, sieh auf dein Volk zurück,
Wie alle Herzen treu und mutig brennen!
Nun woll' uns auch die Deinen wieder nennen!
Und wie einst, alle Kräfte zu beleben,

Ein Heil'genbild, für den gerechten Krieg
Dem Heeresbanner schützend zugegeben,
Als Oriflamme in die Lüfte stieg:
So soll dein Bild auf unsern Fahnen schweben
Und soll uns leuchten durch die Nacht zum Sieg.
Luise sei der Schutzgeist deutscher Sache,
Luise sei das Losungswort zur Rache!

Und wenn wir dann dem Meuterheer begegnen:
Wir stürzen uns voll Zuversicht hinein.
Und mögen tausend Flammenblitze regnen,
Und mögen tausend Tode uns umdräun:
Ein Blick auf deine Fahne wird uns segnen;
Wir stehen fest, wir müssen Sieger sein.
Wer dann auch fällt für Tugend, Recht und Wahrheit,
Du trägst ihn sanft zu deiner ew'gen Klarheit.

JÄGERLIED.
1813.
Nach der Weise: *Auf, auf, ihr Brüder und seid stark.*

Frisch auf, ihr Jäger, frei und flink,
Die Büchse von der Wand!
Der Mutige bekämpft die Welt.
Frisch auf den Feind, frisch in das Feld
Fürs deutsche Vaterland!

Aus Westen, Norden, Süd und Ost
Treibt uns der Rache Strahl:
Vom Oderflusse, Weser, Main,
Vom Elbstrom und vom Vater Rhein
Und aus dem Donautal.

Doch Brüder sind wir allzusamm',
Und das schwellt unsern Mut.
Uns knüpft der Sprache heilig Band,
Uns knüpft ein Gott, ein Vaterland,
Ein treues deutsches Blut.

Nicht zum Erobern zogen wir
Vom väterlichen Herd;
Die schändlichste Tyrannenmacht
Bekämpfen wir in freudger Schlacht:
Das ist des Blutes wert.

Ihr aber, die uns treu geliebt,
Der Herr sei euer Schild,
Bezahlen wir's mit unserm Blut!
Denn Freiheit ist das höchste Gut,

Ob's tausend Leben gilt.

Drum, muntre Jäger, frei und flink,
Wie auch das Liebchen weint –
Gott hilft uns im gerechten Krieg –
Frisch in den Kampf! Tod oder Sieg!
Frisch, Brüder, auf den Feind!

––––––––––

LIED DER SCHWARZEN JÄGER.
1813.
Nach der Weise: *Am Rhein, am Rhein usw.*

Ins Feld, ins Feld! Die Rachegeister mahnen.
Auf, deutsches Volk, zum Krieg!
Ins Feld, ins Feld! Hoch flattern unsre Fahnen,
Sie führen uns zum Sieg.

Klein ist die Schar; doch groß ist das Vertrauen
Auf den gerechten Gott:
Wo seine Engel ihre Festen bauen,
Sind Höllenkünste Spott.

Drauf, Brüder, drauf! Könnt ihr das Schwert nicht heben,
So würgt sie ohne Scheu,
Und hoch verkauft den letzten Tropfen Leben!
Der Tod macht alle frei.

Noch trauern wir im schwarzen Rächerkleide
Um den gestorbnen Mut;
Doch fragt man euch, was dieses Rot bedeute:

Das deutet Frankenblut.

Mit Gott! Einst geht, hoch über Feindesleichen,
Der Stern des Friedens auf;
Dann pflanzen wir ein weißes Siegeszeichen
Am freien Rheinstrom auf.

———————

AM HEDWIGSBRUNNEN BEI JAUER.
1813.

Wie sprech ich's aus, was meine Brust durchzittert?
Der Freude, wie der Wehmut Schwingen tragen
Das milde Herz zu liebefrohen Tagen,
Von keinem Tränengifte mehr verbittert.
Wer hat mein freies Paradies umgittert?
Wer durfte mich in diese Fesseln schlagen,
Den Liedersohn ins Kriegsgetümmel jagen?
Wer hat mir meinen Freudenbaum zersplittert? –
Wie! griff ich nicht mit freier Hand zum Schwerte,
Daß, blutversöhnend, aus der deutschen Erde
Ein heilig Werk jung und lebendig werde?
Es spricht's ein Gott im Rauschen dieser Wellen:
„Am Klippenherzen muß die Kraft zerschellen,
Und aus dem Tode soll das Leben quellen."

———————

LETZTER TROST.

Beim Zurückzug der Vereinigten Heere über die Elbe.
1813.
Nach der Weise unseres Bundesliedes:
Es heult der Sturm, es braust das Meer.

Was zieht ihr die Stirne finster und kraus?
Was starrt ihr wild in die Nacht hinaus,
Ihr freien, ihr männlichen Seelen?
Jetzt heult der Sturm, jetzt braust das Meer,
Jetzt zittert das Erdreich um uns her;
Wir woll'n uns die Not nicht verhehlen.

Die Hölle braust auf in neuer Glut,
Umsonst ist geflossen viel edles Blut,
Noch triumphieren die Bösen.
Doch nicht an der Rache des Himmels verzagt!
Es hat nicht vergebens blutig getagt,
Rot muß ja der Morgen sich lösen.

Und galt es früherhin Mut und Kraft:
Jetzt alle Kräfte zusammengerafft!
Sonst scheitert das Schiff noch im Hafen.
Erhebe dich, Jugend! der Tiger dräut.
Bewaffne dich, Landsturm! jetzt kommt deine Zeit.
Erwache, du Volk, das geschlafen!

Und die wir hier rüstig zusammenstehn
Und keck dem Tod in die Augen sehn,
Woll'n nicht vom Rechte lassen:
Die Freiheit retten, das Vaterland,
Oder freudig sterben, das Schwert in der Hand,

Und Knechtschaft und Wütriche hassen!

Das Leben gilt nichts, wo die Freiheit fällt.
Was gibt uns die weite unendliche Welt
Für des Vaterlands heiligen Boden?
Frei woll'n wir das Vaterland wiedersehn,
Oder frei zu den glücklichen Vätern gehn!
Ja, glücklich und frei sind die Toten.

Drum heule, du Sturm, drum brause, du Meer,
Drum zittre, du Erdreich um uns her;
Ihr sollt uns die Seele nicht zügeln!
Die Erde kann neben uns untergehn:
Wir woll'n als freie Männer bestehn
Und den Bund mit dem Blute besiegeln.

———————

BUNDESLIED VOR DER SCHLACHT.
Am Morgen des Gefechts bei Dannenberg.
12. Mai 1813.

Ahnungsgrauend, todesmutig
Bricht der große Morgen an,
Und die Sonne kalt und blutig
Leuchtet unsrer blut'gen Bahn.
In der nächsten Stunden Schoße
Liegt das Schicksal einer Welt,
Und es zittern schon die Lose,
Und der ehrne Würfel fällt.
Brüder, euch mahne die dämmernde Stunde,
Mahne euch ernst zu dem heiligsten Bunde:
Treu so zum Tod als zum Leben gesellt!

Hinter uns, im Graun der Nächte,
Liegt die Schande, liegt die Schmach,
Liegt der Frevel fremder Knechte,
Der die deutsche Eiche brach.
Unsre Sprache ward geschändet,
Unsre Tempel stürzten ein;
Unsre Ehre ist verpfändet:
Deutsche Brüder, löst sie ein!
Brüder, die Rache flammt – reicht euch die Hände,
Daß sich der Fluch der Himmlischen wende,
Löst das verlorne Palladium ein!

Vor uns liegt ein glücklich Hoffen,
Liegt der Zukunft goldne Zeit,
Steht ein ganzer Himmel offen,

Blüht der Freiheit Seligkeit.
Deutsche Kunst und deutsche Lieder,
Frauenhuld und Liebesglück,
Alles Große kommt uns wieder,
Alles Schöne kehrt zurück.
Aber noch gilt es ein gräßliches Wagen,
Leben und Blut in die Schanze zu schlagen;
Nur in dem Opfertod reift uns das Glück.

Nun, mit Gott! wir wollen's wagen,
Fest vereint dem Schicksal stehn,
Unser Herz zum Altar tragen
Und dem Tod entgegengehn!
Vaterland! dir woll'n wir sterben,
Wie dein großes Wort gebeut;
Unsre Lieben mögen's erben,
Was wir mit dem Blut befreit.
Wachse, du Freiheit der deutschen Eichen,
Wachse empor über unsere Leichen!
Vaterland, höre den heiligen Eid!

Und nun wendet eure Blicke
Noch einmal der Liebe nach;
Scheidet von dem Blütenglücke,
Das der gift'ge Süden brach.
Wird euch auch das Auge trüber –
Keine Träne bringt euch Spott;
Werft den letzten Kuß hinüber,
Dann befehlt sie eurem Gott!
Alle die Lippen, die für uns beten,
Alle die Herzen, die wir zertreten,

Tröste und schütze sie, ewiger Gott!

Und nun frisch zur Schlacht gewendet,
Aug' und Herz zum Licht hinauf!
Alles Ird'sche ist vollendet,
Und das Himmlische geht auf.
Faßt euch an, ihr deutschen Brüder!
Jeder Nerve sei ein Held!
Treue Herzen sehn sich wieder;
Lebewohl für diese Welt!
Hört ihr's? Schon jauchzt es uns donnernd entgegen!
Brüder, hinein in den blitzenden Regen!
Wiedersehn in der besseren Welt!

GEBET WÄHREND DER SCHLACHT.
1813.

Vater, ich rufe dich!
Brüllend umwölbt mich der Dampf der Geschütze,
Sprühend umzucken mich rasselnde Blitze.
Lenker der Schlachten, ich rufe dich!
Vater du, führe mich!

Vater du, führe mich!
Führ' mich zum Siege, führ' mich zum Tode:
Herr, ich erkenne deine Gebote;
Herr, wie du willst, so führe mich.
Gott, ich erkenne dich!
Gott, ich erkenne dich!

So im herbstlichen Rauschen der Blätter
Als im Schlachtendonnerwetter,
Urquell der Gnade, erkenn' ich dich.
Vater du, segne mich!

Vater du, segne mich!
In deine Hand befehl' ich mein Leben,
Du kannst es nehmen, du hast es gegeben;
Zum Leben, zum Sterben segne mich!
Vater, ich preise dich!

Vater, ich preise dich!
's ist ja kein Kampf für die Güter der Erde;
Das Heiligste schützen wir mit dem Schwerte:
Drum, fallend und siegend, preis' ich dich.
Gott, dir ergeb' ich mich!

Gott, dir ergeb' ich mich!
Wenn mich die Donner des Todes begrüßen,
Wenn meine Adern geöffnet fließen:
Dir, mein Gott, dir ergeb' ich mich!
Vater, ich rufe dich!

———————

MISSMUT.

Als ich bei Sandau lange Zeit die Ufer
der Elbe bewachen mußte.
1813.

Vaterland, du riefst den Sänger
Schwelgend in der Tage Glück;
Blutig hassend deine Dränger,
Hielt nicht Lied und Liebe länger
Seiner Seele Sturm zurück.
Und er brach mit wundem Herzen
Aus der Freude schönen Reihn,
Tauchte in der Trennung Schmerzen –
Und war dein.

Tränend hat er oft die Blicke
Zur Vergangenheit gesandt;
Auf des Lieds melod'scher Brücke
Stieg der Geist zum alten Glücke,
In der Liebe goldnes Land.
Ach, er schwärmte nur vergebens!
Denn der Stunden rohe Hast
Warf ihn in den Lärm des Lebens,
Sturmgefaßt.

Doch was soll er im Gedränge
Ohne Schlachtenmorgenrot?
Gib die friedlichen Gesänge,
Oder gib des Krieges Strenge!
Gib mir Lieder, oder Tod!
Laß mir der Begeistrung Tränen,

Laß mir meine Liebesnacht;
Oder wirf mein freudig Sehnen
In die Schlacht!

Um mich donnern die Kanonen,
Ferne Zimbeln schmettern drein,
Deutschland wirft um seine Kronen;
Und hier soll ich ruhig wohnen
Und des Stromes Wächter sein?
Soll ich in der Prosa sterben? –
Poesie, du Flammenquell,
Brich nur los mit leuchtendem Verderben,
Aber schnell!

———————

AN DEN KÖNIG.
Als das Gerücht ihn in der Bautzener
Schlacht gefallen nannte.
1813.

Heil dir, mein Fürst, auf deinem Strahlenthrone!
Bricht auch das Herz, vom höchsten Schmerz bezwungen:
Mit letzter Kraft dir jubelnd Heil gesungen!
Der Jammer stirbt im höchsten Siegestone.
Ja, bis das letzte deutsche Wort verklungen,
Jauchzt noch das Vaterland von seinem Sohne,
Der, kämpfend für sein Volk und seine Krone,
Sich königlich den Königstod errungen!
Der Sieg fleugt auf aus deines Blutes Bächen;

Dein Name soll des Wütrichs Mauern brechen,
Das treue Volk muß seinen König rächen!
Du aber, sanft entschlummert unter Leichen,
Erwache sanft in deinen goldnen Reichen;
Die Palmen blühn dir dort für deine Eichen!

———

REITERLIED.
1813.

Nach der Weise: *Es gibt nichts Lust'gers auf der Welt.*

Frisch auf, frisch auf mit raschem Flug!
Frei vor dir liegt die Welt;
Wie auch des Feindes List und Trug
Uns rings umgattert hält.
Steig, edles Roß, und bäume dich,
Dort winkt der Eichenkranz!
Streich aus, streich aus, und trage mich
Zum lust'gen Schwertertanz!

Hoch in den Lüften, unbesiegt,
Geht frischer Reitersmut;
Was unter ihm im Staube liegt,
Engt nicht das freie Blut;
Weit hinter ihm liegt Sorg' und Not
Und Weib und Kind und Herd,
Vor ihm nur Freiheit oder Tod,
Und neben ihm das Schwert.

So geht's zum lust'gen Hochzeitfest,
Der Brautkranz ist der Preis;
Und wer das Liebchen warten läßt,
Den bannt der freie Kreis.
Die Ehre ist der Hochzeitgast,
Das Vaterland die Braut;
Wer sie recht brünstiglich umfaßt,
Den hat der Tod getraut.
Gar süß mag solch ein Schlummer sein

In solcher Liebesnacht:
In Liebchens Armen schläfst du ein,
Getreu von ihr bewacht.
Und wenn der Eiche grünes Holz
Die neuen Blätter schwellt,
So weckt sie mich mit freud'gem Stolz
Zur ew'gen Freiheitswelt.

Drum, wie sie fällt und wie sie steigt,
Des Schicksals rasche Bahn,
Wohin das Glück der Schlachten neigt,
Wir schauen's ruhig an.
Für deutsche Freiheit woll'n wir stehn –
Sei's nun in Grabes Schoß,
Sei's oben auf des Sieges Höhn:
Wir preisen unser Los.

Und wenn uns Gott den Sieg gewährt,
Was hilft euch euer Spott?
Ja, Gottes Arm führt unser Schwert,
Und unser Schild ist Gott! –
Schon stürmt es mächtig ringsumher,
Drum, edler Hengst, frisch auf!
Und wenn die Welt voll Teufel wär',
Dein Weg geht mittendrauf!

———————

TROST.

Nach Abschluß des Waffenstillstandes.
1813.

Herz, laß dich nicht zerspalten
Durch Feindes List und Spott!
Gott wird es wohl verwalten;
Er ist der Freiheit Gott.

Laß nur den Wütrich drohen;
Dort reicht er nicht hinauf,
Einst bricht in heil'gen Lohen
Doch deine Freiheit auf!

Glimmend durch lange Schmerzen
Hat sie der Tod verklärt,
Aus Millionen Herzen
Mit edlem Blut genährt;

Wird seinen Thron zermalmen,
Schmelzt seine Fesseln los
Und pflanzt die glühnden Palmen
Auf deutscher Helden Moos.

Drum laß dich nicht zerspalten
Durch Feindes List und Spott!
Gott wird es wohl verwalten;
Er ist der Freiheit Gott.

———

ABSCHIED VOM LEBEN.
Als ich schwerverwundet und hilflos in einem Holze
lag und zu sterben meinte.
Nachts vom 17. zum 18. Juni 1813.

Die Wunde brennt; die bleichen Lippen beben;
Ich fühl's an meines Herzens matterm Schlage,
Hier steh' ich an den Marken meiner Tage –
Gott, wie du willst! dir hab' ich mich ergeben!
Viel goldne Bilder sah ich um mich schweben;
Das schöne Traumbild wird zur Totenklage. –
Mut! Mut! Was ich so treu im Herzen trage,
Das muß ja doch dort ewig mit mir leben;
Und was ich hier als Heiligtum erkannte,
Wofür ich rasch und jugendlich entbrannte,
Ob ich's nun Freiheit, ob ich's Liebe nannte:
Als lichten Seraph seh' ich's vor mir stehen.
Und wie die Sinne langsam mir vergehen,
Trägt mich ein Hauch zu morgenroten Höhen.

––––––––––

LÜTZOWS WILDE JAGD.
Auf dem Schneckenberg bei Leipzig.
Am 24. April 1813.

Was glänzt dort vom Walde im Sonnenschein?
Hör's näher und näher brausen;
Es zieht sich herunter in düstern Reihn,
Und gellende Hörner schallen darein

Und erfüllen die Seele mit Grausen.
Und wenn ihr die schwarzen Gesellen fragt:
Das ist Lützows wilde verwegene Jagd.

Was zieht dort rasch durch den finstern Wald
Und streift von Bergen zu Bergen?
Es legt sich in nächtlichen Hinterhalt;
Das Hurra jauchzt und die Büchse knallt,
Es fallen die fränkischen Schergen.
Und wenn ihr die schwarzen Jäger fragt:
Das ist Lützows wilde verwegene Jagd.

Wo die Reben dort glühen, dort braust der Rhein,
Der Wütrich geborgen sich meinte,
Da naht es schnell mit Gewitterschein,
Und wirft sich mit rüst'gen Armen hinein,
Und springt ans Ufer der Feinde.
Und wenn ihr die schwarzen Schwimmer fragt:
Das ist Lützows wilde verwegene Jagd.

Was braust dort im Tale die laute Schlacht,
Was schlagen die Schwerter zusammen?
Wildherzige Reiter schlagen die Schlacht,
Und der Funke der Freiheit ist glühend erwacht
Und lodert in blutigen Flammen.
Und wenn ihr die schwarzen Reiter fragt:
Das ist Lützows wilde verwegene Jagd.

Wer scheidet dort röchelnd vom Sonnenlicht,
Unter winselnde Feinde gebettet?
Es zuckt der Tod auf dem Angesicht,
Doch die wackern Herzen erzittern nicht;

Das Vaterland ist ja gerettet!
Und wenn ihr die schwarzen Gefallnen fragt:
Das war Lützows wilde verwegene Jagd.

Die wilde Jagd, und die deutsche Jagd
Auf Henkersblut und Tyrannen!
Drum, die ihr uns liebt, nicht geweint und geklagt;
Das Land ist ja frei, und der Morgen tagt,
Wenn wir's auch nur sterbend gewännen!
Und von Enkeln zu Enkeln sei's nachgesagt:
Das war Lützows wilde verwegene Jagd.

———————

GEBET.
1813.
Nach der Weise: *O sanctissima.*

Hör uns, Allmächtiger!
Hör uns, Allgütiger!
Himmlischer Führer der Schlachten!
Vater, dich preisen wir!
Vater, wir danken dir,
Daß wir zur Freiheit erwachten!

Wie auch die Hölle braust,
Gott, deine starke Faust
Stürzt das Gebäude der Lüge.
Führ' uns, Herr Zebaoth,
Führ' uns, dreiein'ger Gott,
Führ' uns zur Schlacht und zum Siege!

Führ' uns! Fall' unser Los
Auch tief in Grabes Schoß:
Lob doch und Preis deinem Namen!
Reich, Kraft und Herrlichkeit
Sind dein in Ewigkeit!
Führ' uns, Allmächtiger! Amen.

———————

ÖSTERREICHS DOPPELADLER.

Als ich verwundet nach Österreich zurückkehrte.

Sei mir gesegnet, heilig Doppelzeichen,
Das ich trotz diesem Wirbelsturm der Jahre
In heiterm Stolz und leuchtender gewahre!
Ja, hier beginnst du, freies Land der Eichen!
Ein Ruf, dem nur der Sel'gen Stimmen gleichen,
Zog mich zu deinem nachbarlichen Aare;
Es floß mein Blut am Vaterlandsaltare,
Ich sank, getroffen von Verräterstreichen.
Da find' ich dich, schön wie im Land der Dichtung;
Zween Blitze glüht der Augen Doppelrichtung:
Der Freiheit Sieg, der Tyrannei Vernichtung.
Frisch auf, Habsburg! Der Teufel muß erliegen;
Gott ist mit dir, wo deine Banner fliegen.
Hoch, Östreich, hoch! Dein Schwert, dein Karl wird siegen!

———

UNSERE ZUVERSICHT.

Nach der Weise: *Wer nur den lieben Gott läßt walten.*

Wir rufen dich mit freud'gen Blicken
Und halten fest an deinem Wort;
Die Hölle soll uns nicht berücken
Durch Aberwitz und Meuchelmord:
Und was auch rings in Trümmer geht,
Wir wissen's, daß dein Wort besteht.

Nicht leichten Kampfes siegt der Glaube,
Solch Gut will schwer errungen sein;
Freiwillig tränkt uns keine Traube,
Die Kelter nur erpreßt den Wein:
Und will ein Engel himmelwärts,
Erst bricht im Tod ein Menschenherz.

Drum, mag auch noch im falschen Leben
Die Lüge ihre Tempel baun,
Und mögen goldne Schurken beben
Und sich vor Kraft und Tugend graun
Und mit der Feigheit Schwindeldrehn
Vor dem erwachten Volke stehn;

Und mögen sich noch Brüder trennen
Und sich im blut'gem Haß entzwein,
Und deutsche Fürsten es verkennen,
Daß ihre Kronen Schwestern sei'n,
Und daß, wenn Deutschland einig blieb',
Es einer Welt Gesetze schrieb:
Wir wollen nicht an dir verzagen,
Und treu und festen Mutes sein.

Du wirst den Wütrich doch erschlagen,
Und wirst dein deutsches Land befrein.
Liegt auch der Tag noch jahreweit:
Wer weiß, als du, die rechte Zeit?

Die rechte Zeit zur guten Sache,
Zur Freiheit, zum Tyrannentod!
Vor deinem Schwerte sinkt der Drache
Und färbt die deutschen Ströme rot
Mit Sklavenblut und freiem Blut!
Du treuer Gott, verwalt' es gut!

WAS UNS BLEIBT.

Was uns bleibt, wenn Deutschlands Säulen brechen,
Wenn der Götter Stimme trügt,
Wenn der Menschheit Wunden sich nicht rächen,
Wenn das heiligste Vertrauen lügt,
Wenn umsonst die aufgeblitzte Jugend
Um des Vaterlandes Kerker stürmt,
Und des Volkes Sparter-gleiche Tugend
Fruchtlos Leichen über Leichen türmt?
Was uns bleibt, wenn wir trotz unserm Rechte
Knirschend vor dem falschen Glücke stehn,
Und des Wütrichs feile Henkersknechte
Mordend durch der Freiheit Tempel gehn?
Was uns bleibt, wenn unser Blut vergebens
Auf des Vaterlandes Grab verraucht,

Und der Freiheit Stern, der Stern des deutschen Lebens,
An dem deutschen Himmel niedertaucht?
Was uns bleibt? Rühmt nicht des Wissens Bronnen,
Nicht der Künste friedensreichen Strand;
Für die Knechte gibt es keine Sonnen,
Und die Kunst verlangt ein Vaterland.
Aller Götter Stimmen sind verklungen
Vor dem Jammerton der Sklaverei;
Und Homer, er hätte nie gesungen –
Doch sein Griechenland war frei!
Was uns bleibt? Ein christliches Ertragen,
Wo des Dulders feige Träne taut?
Soll ich selbst den Altar mir zerschlagen,
Den ich mir im Herzen aufgebaut?
Soll ich das für Gottes Finger halten,
Wo der Menschheit Engel Rache schrein?
Wo die Teufel teuflisch walten,
Das kann nur ein Sieg der Hölle sein.
Bleibt uns nichts? Fliehn alle gute Engel
Mit verwandtem Angesicht?
Brechen aller Hoffnung Blütenstengel,
Weil des Sieges Palme bricht?
Kann der Arm kein rettend Kreuz umklammern
In der höchsten letzten Not?
Müssen wir verzweifeln und verjammern?
Gibt es keine Freiheit als den Tod? –
Doch! Wir sehn's im Aufschwung unsrer Jugend,
In des ganzen Volkes Heldengeist:
Ja! es gibt noch eine deutsche Tugend,
Die allmächtig einst die Ketten reißt.

Wenn auch jetzt in den bezwungnen Hallen
Tyrannei der Freiheit Tempel bricht:
Deutsches Volk, du konntest fallen,
Aber sinken kannst du nicht!
Und noch lebt der Hoffnung Himmelsfunken.
Mutig vorwärts durch das falsche Glück!
's war ein Stern! Jetzt ist er zwar versunken,
Doch der Morgen bringt ihn uns zurück;
's war ein Stern! Die Sterne bleiben.
's war der Freiheit goldner Stern!
Laß die blut'gen Wolken treiben:
Der ist in der Hut des Herrn;
Mag die Hölle drohn und schnauben:
Der Tyrann reicht nicht hinauf,
Kann dem Himmel keine Sterne rauben;
Unser Stern geht auf!
Ob die Nacht die freud'ge Jugend töte,
Für den Willen gibt es keinen Tod;
Und des Blutes deutsche Heldenröte
Jubelt von der Freiheit Morgenrot.

———————

NACHTRAG

aus des Dichters Nachlasse.

MÄNNER UND BUBEN.

In einer Biwakhütte bei Büchen an der Stecknitz,
im August 1813.

Nach der Weise: *Brüder, mir ist alles gleich.*

Das Volk steht auf, der Sturm bricht los;
Wer legt noch die Hände feig in den Schoß?
Pfui über dich Buben, hinter dem Ofen,
Unter den Schranzen und unter den Zofen!
Bist doch ein ehrlos erbärmlicher Wicht;
Ein deutsches Mädchen küßt dich nicht,
Ein deutsches Lied erfreut dich nicht,
Und deutscher Wein erquickt dich nicht. –
Stoßt mit an,
Mann für Mann,
Wer den Flamberg schwingen kann!

Wenn wir die Schauer der Regennacht
Unter Sturmespfeifen wachend vollbracht:
Kannst du freilich auf üppigen Pfühlen
Wollüstig träumend die Glieder fühlen.
Bist doch ein ehrlos erbärmlicher Wicht;
Ein deutsches Mädchen küßt dich nicht,
Ein deutsches Lied erfreut dich nicht,
Und deutscher Wein erquickt dich nicht. –
Stoßt mit an,
Mann für Mann,
Wer den Flamberg schwingen kann!

Wenn uns der Trompeten rauher Klang,
Wie Donner Gottes, zum Herzen drang:
Magst du im Theater die Nase wetzen
Und dich an Trillern und Läufern ergötzen.
Bist doch ein ehrlos erbärmlicher Wicht;
Ein deutsches Mädchen küßt dich nicht,
Ein deutsches Lied erfreut dich nicht,
Und deutscher Wein erquickt dich nicht. –
Stoßt mit an,
Mann für Mann,
Wer den Flamberg schwingen kann!

Wenn die Glut des Tags versengend drückt
Und uns kaum ein Tropfen Wasser erquickt:
Kannst du Champagner springen lassen,
Kannst du bei brechenden Tafeln prassen.
Bist doch ein ehrlos erbärmlicher Wicht;
Ein deutsches Mädchen küßt dich nicht,
Ein deutsches Lied erfreut dich nicht,
Und deutscher Wein erquickt dich nicht. –
Stoßt mit an,
Mann für Mann,
Wer den Flamberg schwingen kann!

Wenn wir vorm Drange der würgenden Schlacht
Zum Abschied ans ferne Treuliebchen gedacht:
Magst du zu deinen Maitressen laufen
Und dir mit Golde die Lust erkaufen.
Bist doch ein ehrlos erbärmlicher Wicht;
Ein deutsches Mädchen küßt dich nicht,
Ein deutsches Lied erfreut dich nicht,

Und deutscher Wein erquickt dich nicht. –
Stoßt mit an,
Mann für Mann,
Wer den Flamberg schwingen kann!

Wenn die Kugel pfeift, wenn die Lanze saust,
Wenn der Tod uns in tausend Gestalten umbraust:
Kannst du am Spieltisch dein Septleva brechen
Und mit der Spadille die Könige stechen.
Bist doch ein ehrlos erbärmlicher Wicht;
Ein deutsches Mädchen küßt dich nicht,
Ein deutsches Lied erfreut dich nicht,
Und deutscher Wein erquickt dich nicht. –
Stoßt mit an,
Mann für Mann,
Wer den Flamberg schwingen kann!

Und schlägt unser Stündlein im Schlachtenrot,
Willkommen dann, sel'ger Soldatentod! –
Du verkriechst dich in seidene Decken,
Winselnd vor der Vernichtung Schrecken;
Stirbst als ein ehrlos erbärmlicher Wicht.
Ein deutsches Mädchen beweint dich nicht,
Ein deutsches Lied besingt dich nicht,
Und deutsche Becher klingen dir nicht. –
Stoßt mit an,
Mann für Mann,
Wer den Flamberg schwingen kann.

———————

TRINKLIED VOR DER SCHLACHT.
Nach der Weise: Feinde ringsum.

Schlacht, du brichst an!
Grüßt sie in freudigem Kreise
Laut nach germanischer Weise.
Brüder, heran!

Noch perlt der Wein;
Eh' die Posaunen erdröhnen,
Laßt uns das Leben versöhnen.
Brüder, schenkt ein!

Gott Vater hört,
Was an des Grabes Toren
Vaterlands Söhne geschworen.
Brüder, ihr schwört!

Vaterlands Hort,
Woll'n wir's aus glühenden Ketten
Tot oder siegend erretten.
Handschlag und Wort!

Hört ihr sie nahn?
Liebe und Freuden und Leiden!
Tod, du kannst uns nicht scheiden.
Brüder, stoßt an!

Schlacht ruft! Hinaus!
Horch die Trompeten werben!
Vorwärts, auf Leben und Sterben!
Brüder, trinkt aus.

———————

SCHWERTLIED.

Wenige Stunden vor dem Tode des Verfassers gedichtet.
26. August 1813.

Du Schwert an meiner Linken,
Was soll dein heitres Blinken?
Schaust mich so freundlich an,
Hab' meine Freude dran.
Hurra![1]

„Mich trägt ein wackrer Reiter,
Drum blink' ich auch so heiter,
Bin freien Mannes Wehr:
Das freut dem Schwerte sehr."
Hurra!

Ja, gutes Schwert, frei bin ich
Und liebe dich herzinnig,
Als wärst du mir getraut
Als eine liebe Braut.
Hurra!

„Dir hab' ich's ja ergeben,
Mein lichtes Eisenleben.
Ach wären wir getraut!
Wann holst du deine Braut?"
Hurra!

Zur Brautnachts-Morgenröte
Ruft festlich die Trompete;

---

[1] Bei dem „Hurra" wird mit den Schwertern geklirrt.

Wenn die Kanonen schrein,
Hol' ich das Liebchen ein.
Hurra!

„O seliges Umfangen!
Ich harre mit Verlangen.
Du, Bräutgam, hole mich,
Mein Kränzchen bleibt für dich."
Hurra!

Was klirrst du in der Scheide,
Du helle Eisenfreude,
So wild, so schlachtenfroh?
Mein Schwert, was klirrst du so?
Hurra!

„Wohl klirr' ich in der Scheide;
Ich sehne mich zum Streite
Recht wild und schlachtenfroh:
Drum, Reiter, klirr' ich so."
Hurra!

Bleib doch im engen Stübchen.
Was willst du hier, mein Liebchen?
Bleib still im Kämmerlein,
Bleib, bald hol' ich dich ein.
Hurra!

„Laß mich nicht lange warten!
O schöner Liebesgarten
Voll Röslein blutigrot
Und aufgeblühtem Tod!"

Hurra!

So komm denn aus der Scheide,
Du Reiters Augenweide.
Heraus, mein Schwert, heraus!
Führ' dich ins Vaterhaus.
Hurra!

„Ach, herrlich ist's im Freien!
Im rüst'gen Hochzeitreihen,
Wie glänzt im Sonnenstrahl
So bräutlich hell der Stahl!"
Hurra! –

Wohlauf, ihr kecken Streiter,
Wohlauf, ihr deutschen Reiter!
Wird euch das Herz nicht warm?
Nehmt's Liebchen in den Arm.
Hurra!

Laßt erst es in der Linken
Nur ganz verstohlen blinken;
Doch an die Rechte traut
Gott sichtbarlich die Braut.
Hurra!

Nun drückt den liebeheißen
Bräutlichen Mund von Eisen
An eure Lippen fest.
Fluch, wer die Braut verläßt!
Hurra!
Frisch! laßt das Liebchen singen,

Daß helle Funken springen! –
Der Hochzeitmorgen graut.
Hurra, du Eisenbraut!
Hurra!

———————

INHALT.

NACHTRAG

aus des Dichters Nachlasse.

Zu dieser Ausgabe.

Der Text dieses Buches folgt der Ausgabe:

Leier und Schwert. Von Theodor Körner. Leipzig 1868.